TOEIC®テスト
英単語
出るのはこれ！

中村澄子
Sumiko Nakamura

講談社

はじめに

　この12年間、ほぼ毎回TOEICテストを受けてきましたが、どのパートで使われる単語もレベルが上がり続けています。ですが、仕事で英語を使っている人にとっては見慣れたものが多いはずです。リスニングセクションであれば、（パート1を除いて）外資系企業などで日常的に飛び交っている単語が、また、リーディングセクションであれば、メールや少しフォーマルなレポートなどで多用される単語が増えていて、その意味ではビジネスピープル向けのいいテストになったと言えます。

　私は過去に数冊TOEICの単語本を出版していますが、こういった最近の傾向を取り入れ、新たに出題された単語も収めるため、本書を執筆しました。

　本書の大きな特徴は**「パート別の構成」**になっているということです。書くほうからするとこの構成は大変なのですが、学習者側に立てばパート別になっていることは何より大事だと信じています。各パート内では、＜簡単な単語→難しい単語＞の順番に並べてあり、いずれも実際のテストで使われているものばかりを収録しています。初学者がパート5＆6の後半に出てくる単語を見ると驚くかもしれませんが、ビジネス文書の中ではよく目にする単語で、中には会計レポートで使われたり、マーケティング業界で用いられたりする単語もあります。

　本書のもうひとつの特徴は、例文を10ワード前後にしたことです。

　あまりに単語力がない場合は英単語の日本語訳を丸覚えするしかありませんが、理想的な単語の覚え方は**「英文の中でそれぞれの単語が持つニュアンスをマスターすること」**だと思います。日本語に訳せば同じ意味でも、それぞれにニュアンスが異なる英単語は多々あります。TOEICテストでそのような単語が選択肢に並んだ場合に、微妙な意味の違いを理解する必要がありますし、また、それは仕事で英語を使う際にも知っておくべき大事なことです。

　単語の持つニュアンスを英文に入れ込もうとすると、最低10ワード前後は必要です。理想的には1文の中にその単語の意味が推測できるヒントとなる語を入れることですが、それだと20ワード前後の長さになってしまい、中級者以下の方には使い勝手が悪くなります。ですので、ぎりぎり必要な長さである10ワード前後でそろえました。

　本書が皆様の学習の一助になるものと信じております。

2015年1月
中村澄子

TOEIC テスト 英単語 出るのはこれ！
CONTENTS 目次

はじめに ……………………………………………………………… 2
本書の構成と使い方 ………………………………………………… 4

第1章
Part 1 で出る単語はこれ！ ……………………… 9
写真描写問題で使われる 112 語

第2章
Part 2 & 3 で出る単語はこれ！ ……………… 33
応答問題と会話問題に出てくる 326 語

第3章
Part 4 で出る単語はこれ！ …………………… 101
説明文問題の理解に必要な 158 語

第4章
Part 5 & 6 で出る単語はこれ！ ……………… 135
短文＆長文穴埋め問題に頻出する 311 語

第5章
Part 7 で出る単語はこれ！ …………………… 199
読解問題を解くのに欠かせない 251 語

索引 ………………………………………………………………… 251

本書の構成と使い方

　本書はパート別の構成となっています。見出し語 1150 語に加え、派生語・類語を約 1500 語取り上げたので、TOEIC 対策に必要な単語・表現をこの 1 冊で学ぶことができます。このページではまず、見出し語に関わる構成について図解します。

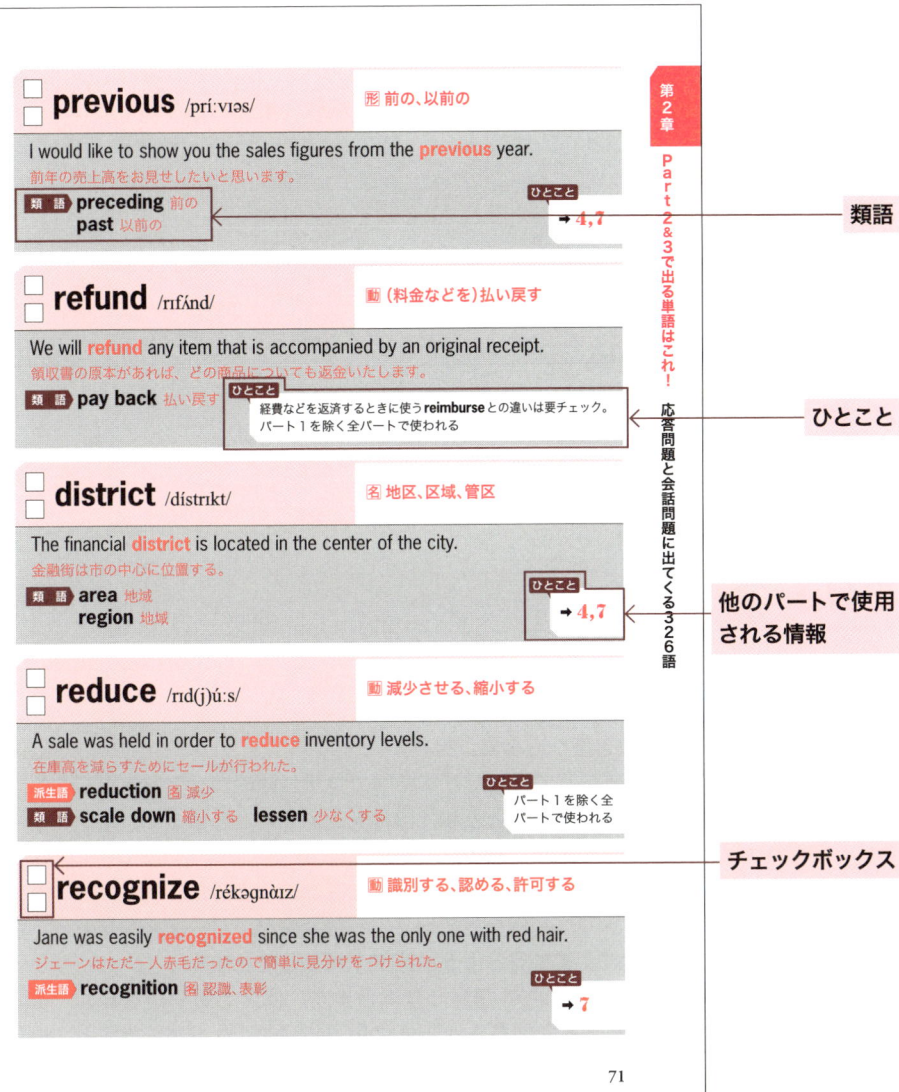

各項目について

見出し語
　TOEICに本当に出る単語・表現を選び抜いた見出し語。各章、易しいものから難しいものへと順番に並んでいます。

発音記号
　アメリカ英語の発音を記しています。熟語や複数の単語からなるものについては発音記号を記載していません。

品詞と語義
　学習にムダがないよう、TOEICで出題される品詞と語義に絞って掲載しています。

〈本書で使用している記号〉
- 動：動詞
- 名：名詞
- 形：形容詞
- 副：副詞
- 接：接続詞
- 前：前置詞

例文と和訳
　例文には以下の特徴を盛り込みました。
① 10ワード前後で作成し、できるだけ文の中で見出し語のニュアンスが伝わるように工夫しました。このような仕掛けを入れることによって、単語の意味が記憶によりよく定着します。
② パートごとに、そのパートに即した内容の英文を作成しました。例えば、リスニングセクションでは会話などで出るような英文を、リーディングセクションではビジネス文書で見るような英文を掲載しています。
③ 重要語は本書の中であちこちの例文に登場します。何度も重要語を見かけることによって、単語とその意味が記憶に定着しやすくなるからです。

派生語
　派生語を知っていると、パート5の品詞問題を解くときに役立ちます。また、見出し語の品詞として挙げている以外の品詞がある場合は、この欄に載せています。

類語
　言い換え表現の問題で類語はよく問われます。できるだけセットで覚えましょう。

反意語
　重要な反意語も掲載しました。

ひとこと
　12年間テストを受験し続けた著者ならではのひとことアドバイスを載せました。テストでの出題のされ方や用例のヒントなど、ちょっとした知識が得られます。

他のパートで使用される情報
　他のどのパートでその見出し語がよく使われるか、簡単に矢印で示しました。たとえば「➡ **4,7**」とあれば、パート4と7でも使用されることを意味します。

チェックボックス
　最低でも2回は本書を通読し、その確認のチェック印をここに入れましょう。

＊本書の音声について
　本書ではアメリカ人とカナダ人のナレーターによって音声が収録されています。
　次のリンクから音声をダウンロードして学習にお役立てください。
　https://k-editorial.jp/dl/toeicvocab/

第1章

Part1で出る単語はこれ！

写真描写問題で使われる112語

→ Track 1-12

cashier /kæʃɚ/
名 勘定係、レジ係

A **cashier** is collecting money from a customer.
レジ係が客からお金を受け取っている。

類語 cash register レジ
　　　　change つり銭

ひとこと
→4

plant /plænt/
名 植物、草木、工場

Customers are looking at **plants** displayed in a greenhouse.
客が温室に展示されている植物を見ている。

派生語 plant 動 植える

ひとこと
植物や鉢植えの写真は時々出題される。
potted plant「鉢植え」という表現も使われる。
他のパートでは「工場」の意味で使われる

item /áɪṭəm/
名 品目、項目

Some **items** are being sold in an outdoor market.
屋外市場でいくつかの品物が売られている。

派生語 itemize 動 項目別にする
類語 article 品目、品物

ひとこと
→2&3, 4, 7

dish /díʃ/
名 皿、料理

A broken **dish** is lying on the floor.
床の上に壊れた皿がある。

ひとこと
食器類、台所用品の写真は頻出する

pass /pǽs/
動 (物)を渡す、通り過ぎる

The man is **passing** documents to his colleagues.
その男性は同僚に書類を渡している。

類語 hand 手渡す

ひとこと
「渡す」「通り過ぎる」、両方の意味で使われる

steps /stéps/

名 (はしご、階段などの) 段

A couple is seated on the **steps** in front of a house.
家の前の階段の上にカップルが座っている。

parking lot

名 駐車場

Cars are entering the **parking lot** of a shopping center.
ショッピングセンターの駐車場に車が入ってきている。

類語 parking area 駐車場
parking garage 駐車場

shelf /ʃélf/

名 棚

Books and magazines have been stocked on a **shelf**.
本と雑誌が棚の上に置かれている。

派生語 shelve 動 棚に乗せる
類語 bookcase 書棚

ひとこと 本棚を含む棚の写真は時々出題される

hold /hóʊld/

動 (物)を持っている、所有する、保管する

People are **holding** passports and tickets at an airport.
空港で人々がパスポートと航空券を持っている。

ひとこと →2&3

plate /pléɪt/

名 皿、平皿

Plates have been arranged on a rectangular table.
長方形のテーブルの上に皿が並べられてある。

類語 saucer 皿
place mat ランチョンマット

ひとこと 食器類、台所用品の写真は頻出する

第1章 Part 1で出る単語はこれ！ 写真描写問題で使われる112語

11

next to ...
…の隣に、…に隣接して

The woman is standing **next to** a photocopier.
女性がコピー機の隣に立っている。

類語 adjacent 隣接した
　　　　neighboring 隣接している

ひとこと 物の位置関係を表す問題で使われる
➡ **5&6**

be covered with ...
…で覆われている

The Christmas tree **is covered with** delicate ornaments.
そのクリスマスツリーは繊細な飾り物で覆われている。

container /kəntéɪnɚ/
名 容器、入れ物

Some **containers** are being filled with food and drink.
いくつかの容器に食べ物と飲み物が詰め込まれている。

派生語 contain 動 含む、入っている

vehicle /víː(h)ɪkl/
名 乗り物

Some **vehicles** are parked in a line along the street.
道路に沿って数台の乗り物が一列に駐車されている。

類語 automobile 自動車

ひとこと vehicle は頻繁に使われる
➡ **2&3,4,7**

greet /gríːt/
動 挨拶をする、迎える

The people are **greeting** each other in a hotel lobby.
人々はホテルのロビーで互いに挨拶している。

派生語 greeting(s) 名 挨拶

ひとこと 2人の人が挨拶している写真で使われる

passenger /pǽs(ə)ndʒɚ/
名 乗客、旅客

Flight attendants are passing out meals to **passengers**.
客室乗務員が乗客に食事を配っている。

類語 passenger train 客車

ひとこと ➡ **2&3, 4, 7**

seat /síːt/
動 座らせる、着席させる

Some people are **seated** in a spacious hotel lobby.
広々としたホテルのロビーに人が数人座っている。

ひとこと ➡ **2&3**

point /pɔ́ɪnt/
動 (人が物を)指し示す

A woman is **pointing** to a graph on a screen.
女性がスクリーン上のグラフを指し示している。

派生語 pointed 形 先のとがった
pointless 形 意味のない

lift /líft/
動 持ち上げる、引き上げる

A man is **lifting** a heavy box onto a shelf.
男性が重い箱を棚に持ち上げている。

類語 raise 上げる

operate /άpərèɪt/
動 (機械などを)操作する、運転する、経営する、管理する

Workers are **operating** machines inside a building.
労働者らが建物の中で機械を操作している。

ひとこと 重機などを操作している写真で使われる。他のパートでは「経営する、管理する」の意味で使われる。
➡ **2&3**

派生語 operation 名 運転、作動、経営
類語 run (機械が)動作する

第1章 Part1で出る単語はこれ！ 写真描写問題で使われる112語

13

each other
お互い

Two people are looking at **each other** over a counter.
2人の人がカウンター越しにお互いのことを見ている。

類語 one another お互い

ひとこと
→5&6,7

face to face
向かい合って、対面して

People are meeting **face to face** in a large conference room.
大きい会議室で人々が対面して会っている。

反意語 back to back 背中合わせに

place /pléɪs/
動 置く、設置する、並べる

Several books are being **placed** on a table.
数冊の本がテーブルの上に置かれている。

派生語 placement 名 配置
反意語 misplace 置き間違える

ひとこと
→2&3

display /dɪspléɪ/
動 陳列する、展示する

Cameras and electronics are being **displayed** in a store.
店でカメラと電子製品が展示されている。

派生語 display 名 陳列、表示
類語 show 展示する

ひとこと
display は進行形の受け身形で使われることも多い。
→2&3

be filled with...
…でいっぱいである、…で満たされている

Boxes **are filled with** canned foods and bottles of water.
箱は缶詰や水の入ったビンでいっぱいである。

float /flóʊt/
動 浮く、浮かぶ

Many boats are **floating** on a pond in a park.
公園の池にたくさんのボートが浮かんでいる。

派生語 float 名 浮く物
類語 drift 漂う

ひとこと：ボートが湖や小川などに浮かんでいる写真で使われる

in a line
一列になって、整列して

People are waiting **in a line** in front of a store.
人々は店の前で一列になって待っている。

in a row
一列に並んで、列をなして

Chairs have been set up **in a row** on a stage.
ステージ上にいすが一列に並べられている。

gather /gǽðɚ/
動 集まる、集合する

A crowd of people has **gathered** at a store entrance.
店の入口に大勢の人が集まっている。

派生語 gathering 名 集まり

ひとこと：→ 2&3

crowd /kráʊd/
動 いっぱいにする、…に群がる、押しかける

The parking lot is **crowded** with cars.
駐車場は車でいっぱいだ。

派生語 crowd 名 群衆、観衆
crowded 形 いっぱいの、混雑した

ひとこと：名詞 の crowd も使われる

第1章 Part 1で出る単語はこれ！ 写真描写問題で使われる112語

grocery /gróʊs(ə)ri/
名 食料雑貨類、食料雑貨店

People are pushing carts while shopping for **groceries**.
人々が食料雑貨類の買い物をしながら買い物カートを押している。

類語 **grocery store** 食料品店

ひとこと →4, 7

a pile of
多量の、たくさんの

A pile of laundry is sitting on the floor.
たくさんの洗濯物が床の上にある。

派生語 **pile** 名 積み重なり、山／動 積み重ねる

side by side
並んで

Computers have been set up **side by side** on a desk.
机の上にコンピュータが並んで設置されている。

flood /flʌ́d/
動 あふれさせる、水浸しにする

The loading dock is **flooded** with boxes and canned goods.
船積みドックは箱と缶詰製品であふれかえっている。

派生語 **flooding** 名 氾濫
類語 **overflow** 水浸しにする　**drown** 水浸しにする

examine /ɪgzǽmɪn/
動 調査する、審査する、診断する

A customs officer is **examining** an item in a suitcase.
スーツケースの中の品物を税関職員が調べている。

派生語 **examiner** 名 調査官、検査官　**examination** 名 調査
類語 **study** 調査する

ひとこと 医者が患者を診察している写真で使われる。
→2&3, 4, 7

sink /síŋk/
名 (調理場の)流し

The **sink** and the countertop are being replaced.
流しと天板が取り換えられている。

類語 faucet 蛇口
drain 排水溝

rinse /ríns/
動 ゆすぐ、流水で洗う

The man is **rinsing** a stack of plates in a sink.
男性が流しでたくさんの皿をゆすいでいる。

類語 soak 浸す

ひとこと 食器をすすいでいる写真で使われる

position /pəzíʃən/
動 置く、位置付ける

The printer is **positioned** on a shelf just above the monitor.
モニターのすぐ上の棚にプリンターが置かれてある。

派生語 position 名 位置、場所、立場

ひとこと ➡ 2&3

occupy /ɑ́kjʊpàɪ/
動 占める、占有する

The meeting room is **occupied** by chairs and tables.
会議室はいすとテーブルで占有されている。

派生語 occupied 形 占有された
occupation 名 占有、職業

ひとこと 反対の意味の形容詞 unoccupied「占有されていない」も使われる。
➡ 2&3

refrigerator /rɪfrídʒərèɪtɚ/
名 冷蔵庫

A **refrigerator** is being moved into the kitchen.
台所に冷蔵庫が運び込まれている。

類語 freezer 冷凍庫

ひとこと ➡ 2&3

17

lawn /lɔ́:n/
名 芝生、芝地

The leaves are scattered on the **lawn**.
葉っぱが芝生に散らばっている。
類語 mower 芝刈り機

ひとこと lawn mower「芝刈り機」が使われることもある

face /féɪs/
動 向き合う、直面する

Several people are **facing** each other at a table.
数人の人がテーブルで互いに向き合っている。
類語 turn toward 〜の方向を向く

ひとこと パート5では動詞の「直面する」を問う問題として出題される。
→ 5&6

address /ədrés/
動 話をする、演説する

A man is **addressing** an audience in a meeting room.
男性が会議室で聴衆に話をしている。
派生語 address 名 演説、講演
類語 lecture 講義・講演をする

ひとこと パート5では「…に取り組む、…を扱う」の意味で出題される。
→ 5&6

shake hands
握手する、手を握る

A man and a woman are **shaking hands** by a desk.
机の横で男女が握手している。

drawer /drɔ́:ɚ/
名 引き出し、たんす

Some documents are being filed in a cabinet **drawer**.
戸棚の引き出しの中に書類が保管されているところだ。
派生語 draw 動 (手前に)引く
類語 chest of drawers タンス　(file) cabinet 書類棚

ひとこと drawerは頻繁に使われる

18

lighthouse /láɪthàʊs/
名 灯台

A group of people is walking toward a **lighthouse**.
灯台に向かって人々の一団が歩いている。

sweep /swíːp/
動 (ほうきなどで)掃く、掃除する

A man and a woman are **sweeping** a sidewalk.
男性と女性が歩道をほうきで掃いている。
類 語 vacuum 掃除機をかける

ひとこと 掃除をしている写真では sweep や broom が使われる

workstation /wɚːkstèɪʃən/
名 ワークステーション、パソコンより1ランク上のコンピュータ

An employee is stacking files on the desk of her **workstation**.
従業員がワークステーションの机の上に書類を積み上げている。

ひとこと 仕事部屋の写真は頻出

board /bɔ́ɚd/
動 (飛行機、船、列車、バスなど)に乗り込む

Passengers are **boarding** a bus with tickets in hand.
乗客が乗車券を手にしてバスに乗り込もうとしている。
派生語 board 名 板、掲示板、取締役会
類 語 get on 乗る、乗り込む　embark (飛行機や船に)乗り込む

ひとこと 人がバスや電車に乗り込む写真で使われる

merchandise /mɚːtʃəndàɪz/
名 商品、品物

Merchandise is being sold at a market by street vendors.
露天商によってマーケットで商品が売られている。
派生語 merchant 名 商人　merchandise 動 売買する
類 語 goods 商品　commodity 商品

ひとこと 品物が並べられている写真で使われる

第1章 Part 1で出る単語はこれ！ 写真描写問題で使われる112語

19

situate /sítʃuèɪt/
動 置く、位置付ける

The vending machine is **situated** next to a door.
自動販売機はドアの隣に置かれている。

派生語 **situation** 名 状況

ひとこと 物の位置関係を表す問題で使われる

overlook /òʊvɚlúk/
動 見渡せる、見下ろす

The restaurant is located in a tall building that **overlooks** the city.
そのレストランは街を見下ろす高いビルの中にある。

類語 **view** 眺める

arrow /ǽroʊ/
名 矢印、矢

An **arrow** is being painted near the entrance of a building.
建物の入口近くで矢印が描かれているところだ。

ひとこと 道路に描かれた矢印の交通標識の写真が出ることがある

walkway /wɔ́ːkwèɪ/
名 歩道、散歩道

A **walkway** is full of pedestrians and cyclists.
歩道は歩行者とサイクリストでいっぱいである。

類語 **sidewalk** 歩道

scenery /síːn(ə)ri/
名 風景、景色

A group of people is sketching the **scenery** outside.
人々の一団が外で景色をスケッチしている。

派生語 **scene** 名 ある光景、場面
類語 **landscape** 景色　**spectacle** 風景

ひとこと →7

20

skyscraper /skáɪskrèɪpɚ/
名 超高層ビル、摩天楼

Workers are installing windows on a **skyscraper**.
作業員が超高層ビルに窓を取り付けている。

fold /fóʊld/
動 折りたたむ、折り重ねる

Several chairs have been **folded** and placed in the corner of a room.
数脚のいすが折りたたまれて部屋の隅に置かれている。

派生語 **folder** 名 書類ばさみ、フォルダ　**folded** 形 折りたたまれた
類語 **bend** 曲げる

ひとこと 反意語の **unfold**「広げる、開く」も使われる

statue /stǽtʃuː/
名 像

There is a **statue** of a man in the center of a fountain.
噴水の中央に男性の像がある。

ひとこと → 2&3

pour /pɔ́ɚ/
動 注ぐ、液体をつぐ

A waiter is **pouring** wine into customers' glasses.
ウェイターが客のグラスにワインを注いでいる。

microscope /máɪkrəskòʊp/
名 顕微鏡

A technician is setting up a **microscope** in a lab.
実験室で技術者が顕微鏡を組み立てている。

類語 **telescope** 望遠鏡

shade /ʃéɪd/
動 陰を作る、陰にする

A large parasol **shades** a table filled with food.
大きいパラソルが食べ物のたくさん乗ったテーブルに陰を作っている。

派生語 shading 日よけ、遮光
類語 shadow 影で覆う　overshadow 影を投げかける

ladder /lǽdɚ/
名 はしご

A **ladder** is leaning against the wall of a house.
家の壁にはしごが立てかけられている。

類語 stepladder 脚立

ひとこと corporate ladder で「出世の階段」の意味になる

hang up
動 受話器を置く、電話を切る

A man is **hanging up** a telephone in an office.
男性が事務所で受話器を置いている。

反意語 pick up (a phone) （電話を）取る

ひとこと 電話関連の写真は定期的に使われる

load /lóʊd/
動 （車などに）載せる

Ships are being **loaded** with large containers by cranes.
クレーンを使って船にコンテナが載せられている。

派生語 load **名** 積荷、荷

ひとこと 反意語のunload「下ろす」も使われる。
→ **2&3**

unload /ʌnlóʊd/
動 （人、積荷を）下ろす

Some furniture is being **unloaded** from a moving van.
引越しのバンから家具がいくつか下ろされている。

類語 unpack 荷をほどく

ひとこと "un"を聞き逃したら致命傷。反意語のload「載せる」も使われる。

reflect /rɪflékt/
動 映す、反射する

An image of the mountain is **reflected** on the water.
水面に山の姿が映し出されている。

派生語 reflection 名 反射　reflective 形 反射による
類語 mirror 映す

surround /səráʊnd/
動 囲む、取り巻く

A round table is **surrounded** by several chairs.
丸テーブルは数脚のいすに囲まれている。

派生語 surround 名 周囲、周辺　surrounding 名 周辺の／形 周囲の
類語 confine 閉じ込める

ひとこと →4, 7

instrument /ínstrəmənt/
名 楽器

Instruments are displayed on the shelf of a music store.
楽器店の棚に楽器が陳列されている。

類語 wind instrument 管楽器
　　 stringed instrument 弦楽器

ひとこと ほかに「道具、機器、手段」の意味もある。楽器関連の写真は定期的に出題される

audience /ɔ́ːdiəns/
名 聴衆、観客、聞き手

A speaker is talking to an enthusiastic **audience**.
熱心な聴衆に向かって話し手がしゃべっている。

ひとこと →4, 7

story /stɔ́ːri/
名 階、建物の階

A man and a woman are entering a three-**story** building.
女性と男性が3階建ての建物に入ろうとしている。

類語 level 階
　　 floor 階、床

ひとこと 同じ意味の level が使われることもある

23

exterior /ekstí(ə)riɚ/
名 外側、外観

The **exterior** of a building is being painted.
建物の外側がペンキで塗られている。
類語 interior 内側、内部
external 外部、外観

dig /díg/
動 掘る

Construction workers are **digging** a hole with shovels.
建設現場の作業員がシャベルで穴を掘っている。
類語 shovel シャベルで掘る　scoop 掘る、ほじくる

ひとこと 道路をシャベルで掘っている写真で使われる

fountain /fáʊntn/
名 噴水、泉

People are standing near a **fountain** posing for a picture.
人々が写真を撮るために噴水のそばに立っている。

ひとこと 噴水の写真は定期的に使われる

sort /sɔ́ɚt/
動 分類する、えり分ける

Trash is being taken from the bins and being **sorted**.
ゴミ箱からゴミが出され、分類されている。
類語 categorize 分類する
group 分類する

office equipment
名 オフィス機器、事務機器

Office equipment is being set up along a wall.
事務機器が壁に沿って設置されている。

ひとこと ➡ 2&3,4,7

high-rise /hάɪràɪz/
高層ビル、高層建築

A crane is located on top of a **high-rise**.
高層ビルの上にクレーンがある。

反意語 low-rise 低層の

reach into...
…のほうに手を伸ばす、…に手を突っ込む

A man is **reaching into** a cabinet drawer.
男性が戸棚の引き出しに手を入れている。

類語 reach for... …に手を伸ばす
reach out one's hand to... …に手を伸ばす

ひとこと スーパーの棚やキャビネットに手を伸ばしている写真で使われる

on display
陳列して、展示して、並べて

Several watches are **on display** in a store window.
ショーウィンドウに数点の腕時計が展示されている。

類語 on exhibit 展示されて

ひとこと さまざまな品物が陳列されている写真で使われる。
→ 2&3, 5&6, 7

trash bin
名 ゴミ箱、くず入れ

Some paper is being taken from the **trash bin**.
ゴミ箱から数枚の紙が取られている。

類語 garbage box ゴミ箱
dust bin ゴミ箱

sculpture /skʌ́lptʃɚ/
名 彫刻

Many pigeons are resting on the tall **sculpture**.
高い彫刻の上で鳩がたくさん休んでいる。

派生語 sculptural 形 彫刻の
類語 carving 彫刻

第1章 Part 1で出る単語はこれ！ 写真描写問題で使われる112語

stack /stǽk/
動 積み重ねる、積む

Files are **stacked** on the corner of the desk.
机の隅にファイルが積み重ねられている。
派生語 stack 名 積み重ね、（…の）山

crossroad /krɔ́sròʊd/
名 十字路、交差道路

Cars are waiting at a **crossroad** for traffic to pass.
十字路で通行車（人）が過ぎるのを車が待っている。
類語 crossing 交差点、交差路
　　　 intersection 交差点

pave /péɪv/
動 舗装する、覆う

A narrow street is being **paved** with concrete.
狭い道がコンクリートで舗装されている。
派生語 pavement 名 歩道
反意語 unpaved 形 舗装されていない

refuel /rìːfjúːəl/
動 燃料を補給する

Airplanes are being **refueled** while baggage is being loaded.
手荷物が積み込まれている間に飛行機に燃料が補給されている。
派生語 fuel 名 燃料／動 燃料を供給する

stairs /stéɚz/
名 階段

Two workers are painting a set of wooden **stairs**.
2人の労働者が木製の階段にペンキを塗っている。
類語 stairway （ひと続きの）階段

parallel to ... …と並行に、…に沿って

Food stands have been set up **parallel to** the street.
通りに並行して屋台が設置されている。

類語 perpendicular 垂直に交わる

ひとこと パート5では語彙問題として出題される。
→ 5&6

stream /strí:m/ 名 小川、流れ、連続

A man is reading a book by a **stream**.
男性が小川のそばで本を読んでいる。

派生語 stream 動 流れる

ひとこと 小川にボートが浮かんでいる写真で使われる。
→ 5&6

path /pǽθ/ 名 小道、細道、散歩道

A **path** has been made in the middle of a forest.
森の中心に小道が作られた。

類語 passage 通路

ひとこと 森の小道などを人が歩いている写真で使われる

cast /kǽst/ 動 （光、影などを）投げかける

The building is **casting** a shadow on a street.
建物は通りに影を落としている。

ひとこと cast a shadow という表現で使われる

produce /prɑ́d(j)úːs/ 名 農産物

Produce is being taken from boxes and put onto shelves.
農産物が箱から出されて棚に置かれている。

派生語 product 名 商品　producer 名 生産者
produce 動 生産する、製造する

ひとこと ほかに「生産量（額）」の意味もある

第1章 Part 1で出る単語はこれ！ 写真描写問題で使われる112語

ascend /əsénd/

動 上がる、登る

Two people are **ascending** a flight of stairs.
2人の人が階段を上っている。

類語 go up 上る
反意語 descend 下降する

railing /réɪlɪŋ/

名 柵、手すり

A man is holding onto a **railing** while descending the stairs.
男性が手すりにつかまりながら階段を下りている。

類語 handrail 手すり

ひとこと 正解の選択肢にも、間違いの選択肢にも使われる

garment /gɑ́ɚ-mənt/

名 衣類、着物

Garments are being displayed on mannequins beside an escalator.
エスカレータの横でマネキンに着せられた衣類が展示されている。

類語 clothes 洋服
outfit （ひとそろいの）洋服

gaze /géɪz/

動 （人、物）見つめる、眺める

A group of people is **gazing** at a painting on a wall.
人々の一団が壁にかかった絵を眺めている。

類語 stare じっと見る

polish /pɑ́lɪʃ/

動 磨く、磨きをかける

Hotel staff is **polishing** furniture in the lobby.
ホテルの従業員がロビーの調度品を磨いている。

ひとこと 正解の選択肢にも、間違いの選択肢にも使われる

pedestrian /pɪdéstriən/
名 歩行者

A walkway for **pedestrians** runs through the park.
歩行者用の散歩道が公園の中を通っている。
類語 **passerby** 通行人

level /lév(ə)l/
名 (建物などの)階

People are riding an escalator up to the next **level**.
人々は次の階までエスカレータに乗って上っている。
派生語 **level** 動 (土地などを)水平にする
類語 **story** 階

broom /brúːm/
名 ほうき

There is a **broom** leaning against the wall.
ほうきが壁に立てかけてある。
派生語 **broom** 動 ほうきで掃く
類語 **sweep** (ほうきなどで)掃く

ひとこと
掃除をしている写真で**broom**や**sweep**が使われる

spectator /spékteɪtɚ/
名 見物人、観客

Spectators are standing and cheering in a stadium.
スタジアムで観客が立ち上がって声援を送っている。
派生語 **spectate** 動 見物する
類語 **observer** 見物人

kneel down
ひざまずく、ひざをつく

A man is **kneeling down** in front of some plants.
男性が植木の前でひざまずいている。
類語 **on one's knees** ひざまずいて
bend down かがむ

第1章 Part 1で出る単語はこれ！ 写真描写問題で使われる112語

29

wharf /(h)wɔ́ɚf/
名 波止場、埠頭

Fishermen are mending nets on a concrete **wharf**.
コンクリートの波止場で漁師たちが網を修理している。

類語 pier 桟橋
dock 埠頭

ひとこと 海岸の写真は時々出題される

lean /líːn/
動 寄りかかる、もたれかかる

A man is **leaning** against a tall bookshelf.
男性が高い本棚に寄りかかっている。

類語 rest against もたれている
prop 立てかける

ひとこと 人が手すりや壁などに寄りかかっている写真で使われる

browse /bráʊz/
動 商品をぶらぶら見て歩く、インターネットにある情報を見る

Shoppers are **browsing** some shoes in a showcase.
ショーケースの中の靴を買い物客がぶらぶら見て歩いている。

ひとこと マーケットをぶらついている人の写真で使われる

stroll /stróʊl/
動 ぶらつく、散歩する

People are **strolling** through the market with their pets.
人々はペットを連れてマーケットの中を散歩している。

類語 wander 歩き回る

pier /píɚ/
名 桟橋、埠頭

A fishing boat is tied to a wooden **pier**.
木の埠頭に釣り船が係留されている。

類語 wharf 埠頭
dock 埠頭

ひとこと 海岸の写真は時々出題される

wave /wéɪv/
動 手を振って合図する

Ship passengers are **waving** to people on the dock.
船の乗客らが埠頭にいる人々に手を振っている。
派生語 **wave** 名 波　**wavy** 形 波打った
類語 **beckon** 手招きする

paddle /pǽdl/
動 かいでこぐ、こいで進む

A couple is on a boat **paddling** on the water.
カップルが水上でボートをこいで進んでいる。
類語 **row** (ボートを)こぐ

tow /tóʊ/
動 (船、車などを)綱や鎖で引っ張る

A car is being **towed** behind a large truck.
大きいトラックの後ろに車が牽引されている。
類語 **tug** 引く、曳航する

shrub /ʃrʌ́b/
名 低木、灌木

Shrubs are being planted beside a walkway in a park.
公園の散歩道の横に低木が植えられているところだ。
類語 **bush** 低木の茂み

wheelbarrow /(h)wíːlbæroʊ/
名 手押し車

Workers are carrying bricks and stones in **wheelbarrows**.
作業員が手押し車に入ったレンガと石を運んでいる。
類語 **cart** 手押し車

ひとこと 少し難しい単語。「一輪車」を押している人の写真が出ることがある

第1章 Part 1で出る単語はこれ！ 写真描写問題で使われる112語

31

slant /slǽnt/
動 (家屋、土地などが)傾斜する、傾く

The high ceiling of the store **slants** towards the windows.
その店の高い天井は窓に向かって傾斜している。
類語 slope 傾斜させる

utensil /juːténsl/
名 (台所の)器具、調理用具

Many cooking **utensils** are hanging on the wall in the kitchen.
台所の壁にたくさんの調理器具がつるされている。

第2章

Part2 & 3で出る単語はこれ！

応答問題と会話問題に出てくる326語

→ Track 13-45

receipt /rɪsíːt/
名 領収書、受領書

Please submit your **receipts** to the accounting department by tomorrow.
明日までに領収書を経理部に提出してください。
派生語 receive 動 受け取る

ひとこと → 7

dentist /déntɪst/
名 歯科医

If the pain continues, you will need to see a **dentist**.
痛みが続くようならば、歯医者に行く必要がある。
派生語 dental 形 歯医者の

position /pəzíʃən/
名 職、地位、位置、立場

Candidates can apply for the **position** in person or online.
志望者は、手渡しでもインターネットからでもその仕事に応募できる。
派生語 position 動 置く、位置付ける

ひとこと
パート1では動詞「置く」の意味で、それ以外のパートでは「職」の意味で使われることが多い。
全パートで使われる

department /dɪpάːrtmənt/
名 部門、部、課

The marketing **department** is located on the 12th floor.
マーケティング部は12階にある。
類語 division 部門、局、課
section 部門、課

ひとこと
section は通常、department や division に比べてより小さい。
→ 4, 7

receptionist /rɪsépʃ(ə)nɪst/
名 受付係

The **receptionist** escorted the guests to the meeting room.
受付係は会議室へ来客を案内した。
派生語 reception 名 受付
類語 information office 案内所

ひとこと → 4

inform /ɪnfɔ́ɚm/
動 通知する、知らせる

Anyone interested in the training session should **inform** Sarah Hu.
研修会に興味のある方はサラ・フーにその旨お知らせください。

派生語 information **名** 情報　informative **形** 情報を提供する
類語 notify 知らせる

> **ひとこと** パート1を除く全パートで使われる

contact /kάntækt/
動 連絡する、接触する

We will **contact** you early next month to schedule an interview.
来月早々にご連絡し、面接の日程を調整いたします。

派生語 contact **名** 連絡、接触
類語 get in touch with... …に連絡をとる　communicate with... …に連絡をする

> **ひとこと** パート1を除く全パートで使われる

arrange /əréɪndʒ/
動 準備する、手配する

We can **arrange** for someone to meet you at the airport.
誰かが空港であなたを出迎えるよう手配できます。

派生語 arrangement **名** 準備

> **ひとこと** パート1を除く全パートで使われる

look for...
…を探す

The department will have to **look for** a new junior accountant.
その部では新しい会計士補を探さなければならない。

類語 search for... …を探す

> **ひとこと** → 7

part /pάɚt/
名 部品、部分

The automobile **parts** were sent from the factory to the manufacturer.
自動車の部品は工場からメーカーへ送られた。

類語 piece 部品
　　　 segment 部分

35

pick up
受け取る、車で迎えに行く、持ち上げる

Orders may be **picked up** at windows B or C.
ご注文は窓口BかCでお受け取りいただけます。

park /pɑ́ɚk/
動 駐車する

Employees must **park** their vehicles in the rear of the building.
従業員は建物の後方に車を駐車しなければいけない。

派生語 **parking** 名 駐車、駐車場

ひとこと
→ 4,7

consult /kənsʌ́lt/
動 意見を求める、助言を求める

If you should have any questions, **consult** with a trained professional.
何かご質問がありましたら、訓練を受けた専門家にご相談ください。

派生語 **consultation** 名 相談
類語 **seek advice** 忠告を求める

ひとこと
→ 4,7

confirm /kənfɚ́ːm/
動 確かめる、確認する

I will call to **confirm** that today's meeting has been rescheduled.
今日の会議は予定が変更されたことを電話して確認します。

派生語 **confirmation** 名 確認

ひとこと
パート1を除く全パートで使われる

job interview
就職面接

The duration of the **job interview** is up to the interviewer.
就職面接の時間の長さは、面接官次第である。

類語 **interviewer** 面接官
interviewee 面接者

ひとこと
jobが省略されて使われることも多い。
→ 4,7

set up
準備する、設立する、開始する

A great number of booths were **set up** for the upcoming trade fair.
近々開催される見本市のために相当数のブースが設営された。

類語 prepare 準備する

ひとこと 「準備する」「設立する」両方の意味で出題される。パート1を除く全パートで使われる

policy /pάləsi/
名 政策、方針

It is the company **policy** to ask each applicant to submit references.
会社の方針として各応募者に照会先の提出を求めている。

類語 guideline 指針

ひとこと パート1を除く全パートで使われる

repair /rɪpéɚ/
動 修理する、修繕する

A technician was asked to **repair** the conference room's audio system.
会議室の音響設備を修理するようにその技術者は頼まれた。

派生語 repair 名 修理、修繕　repairperson 名 修理工
類語 restore 修復する

ひとこと → 4, 7

museum /mjuːzíːəm/
名 美術館、博物館

The **museum** was known for its exhibits of native art.
その博物館は郷土芸術の展示品で知られていた。

類語 gallery 美術館、画廊

ひとこと → 4, 7

host /hóʊst/
動 主催する

It is a great honor to be asked to **host** the event.
そのイベントを主催するように頼まれることは大変な栄誉だ。

派生語 host 名 主催者、司会者
類語 hold 開催する　sponsor 主催する

37

rent /rént/
名 賃貸料、使用料

Rent increases forced many companies to move their operations.
賃借料の値上げのため多くの企業が業務の移転を余儀なくされた。

派生語 **rent** 動 賃貸する
rental 形 賃貸向けの

ひとこと → 4, 7

install /ɪnstɔ́ːl/
動 取り付ける、設置する

The new equipment will be **installed** while you are on your business trip.
あなたの出張中に新しい機器が設置されます。

派生語 **installment** 名 分割払い　**installation** 名 設置
類語 **set up** 設置する　**fix** 取り付ける、固定する

ひとこと → 7

amount /əmáʊnt/
名 総計、総額

Please indicate the **amount** of cash you need on your business trip.
出張に必要な現金の額を提示してください。

派生語 **amount** 動 合計…に達する
類語 **total** 合計

ひとこと → 7

downtown /dáʊntáʊn/
名 商業地区、繁華街

The number three bus goes all the way **downtown**.
3番のバスははるかダウンタウンまで行く。

派生語 **downtown** 形 商業地区の／副 商業地区へ
類語 **metropolitan area** 大都市圏　**urban area** 市街地

ひとこと パート1を除く全パートで使われる

update /ʌpdéɪt/
動 最新のものにする

A letter was sent to the partners to **update** them on the situation.
共同経営者には状況に関する最新情報を伝えるために手紙が送られた。

派生語 **update** 名 最新情報
類語 **renew** 更新する

ひとこと パート1を除く全パートで使われる

upgrade /ʌpgréɪd/
動 グレードアップする、格上げにする

Customers can **upgrade** to an ocean view room for only 50 dollars.
宿泊客はわずか50ドルで、海の見える部屋へグレードアップできる。

類語 enhance （質を）高める、強化する
反意語 downgrade 格下げにする

offer /ɔ́:fɚ/
動 提供する、申し出る

We **offer** coupons for a free drink to anyone with a purchase of over 20 dollars.
20ドル以上お買い上げの方にはもれなく無料ドリンクのクーポン券をご提供します。

派生語 offer **名** 申し出、提供、提案

ひとこと パート1を除く全パートで使われる

exchange /ɪkstʃéɪndʒ/
動 交換する、両替する

People gathered at the seminar to **exchange** ideas.
意見を交換するために人々はセミナーに集まった。

派生語 exchange **名** 交換、取替え　exchangeable **名** 交換可能な
類語 trade 交換する

ひとこと 動詞、名詞ともに出題される

downstairs /dáʊnstéɚz/
副 階下で

Meetings are on the fifth floor and the luncheon will be held **downstairs**.
会議は5階で行われ、昼食会は階下で開かれる。

派生語 downstairs **名** 階下
反意語 upstairs 階上で

customer /kʌ́stəmɚ/
名 顧客、取引先

Please contact the **customer** to inform them their order is ready.
お客様に連絡して注文の品が届いていることを知らせてください。

類語 client 顧客、得意先
　　　 account 顧客

ひとこと ビジネス必須単語。
→ **4,7**

39

deadline /dédlàin/
名 締め切り、期限

We are confident that the project will be completed by the **deadline**.
締め切りまでにプロジェクトを完成させる自信が私たちにはある。
類語 time limit 期限

> ひとこと パート1を除く全パートで使われる

certainly /sə́ːtnli/
副 もちろん、確かに、はっきりと

Certainly, we will have a taxi ready for you at 8 PM.
もちろん、午後8時にタクシーがあなたをお迎えするよう手配いたします。
派生語 certain 形 確信している
類語 surely 確かに

copier /kάpiɚ/
名 コピー機、複写機

If the **copier** runs out of paper, please replenish it immediately.
コピー機の紙がなくなったら、すぐに補充してください。
派生語 copy 動 コピーする
類語 photocopier コピー機　photocopying machine コピー機

airfare /éɚfèɚ/
名 航空運賃

You will be reimbursed for **airfare** on the 25th of this month.
今月25日に航空料金が払い戻されます。
類語 train fare 列車運賃
toll 通行料金

plant /plǽnt/
名 工場、施設、植物

The new **plant** will be built in Malaysia next year.
新しい工場は来年マレーシアに建てられる。
類語 factory 工場

> ひとこと パート1では「植物」の意味で使われる。
> ➡ 1, 4, 7

handle /hǽndl/
動 処理する、扱う

Production lines were at full capacity and could not **handle** more.
製造ラインは最大限使用されており、それ以上は処理できなかった。

類語 deal with... …を扱う
address …に対処する

ひとこと handle, deal with, address はどれも出題される

hire /háɪɚ/
動 雇う

Our Baltimore branch needs to **hire** more staff as soon as possible.
私どものボルティモア支店はできるだけ早くもっと従業員を雇う必要がある。

類語 employ 雇う

→ 4, 7

right away
すぐに、直ちに

If your security card is lost, you must contact the security desk **right away**.
もしセキュリティー・カードを紛失したら、直ちに警備デスクに連絡を取らなければならない。

類語 right now 今すぐ

prefer /prɪfɚ́ː/
動 好む、好きである

If you **prefer** not to receive promotional material, check the box below.
販売促進情報の受け取りを希望されない場合は、下のボックスをチェックしてください。

派生語 preference **名** 好み　preferable **形** 好ましい
類語 favor …のほうを好む

ひとこと prefer A to B「BよりもAを好む」の形で使われることもある。→ **5&6**

supply /səpláɪ/
動 供給する、支給する

Our company will **supply** refreshments for the charity event.
私たちの会社は慈善事業のイベントに軽食を提供する。

派生語 supply **名** 供給(品)、支給(品)
supplier **名** 供給業者

→ 4, 7

41

supplier /səpláɪɚ/
名 供給業者、納入業者

We are satisfied with the current **supplier** in terms of price and quality.
私たちは価格と質の点で、現在の供給業者に満足している。

派生語 supply 名 供給(品)、支給(品)／動 供給する、支給する
類 語 distributor 配給業者　provider 供給業者

division /dɪvíʒən/
名 部門、局、課

A new manager was appointed to the sales **division**.
営業局に新しい部長が任命された。

派生語 divide 動 分ける
類 語 department 部門、部、課　section 部門、課

ひとこと section は通常、department や division に比べてより小さい。
→ 4, 7

I'm afraid...
(好ましくないことについて)…ではないかと思う、…のようである

I'm afraid that he will be out of the office until next Monday.
彼は来週の月曜日まで事務所を留守にしているようです。

類 語 I'm sorry (that)... …ということを残念だと思う

paycheck /péɪtʃèk/
名 給料、給料支払い小切手

You can pick up your **paycheck** at the accounting department.
経理部で給料支払い小切手を受け取ることができます。

類 語 pay 給与

access /ǽkses/
動 アクセスする、近づく

You can **access** travel information with your confirmation number.
予約番号で旅行情報にアクセスできます。

派生語 access 名 接近方法、接近　accessible 形 近づきやすい
accessibility 名 アクセスのしやすさ

ひとこと → 4, 7

transportation /trænspətéɪʃən/
名 輸送、運送

Transportation to the airport will be provided by the company.
空港までの交通手段は会社が提供する。

派生語 **transport** 名 輸送、運送／動 輸送する、運送する
類語 **carrier** 輸送業者

ひとこと 名詞「輸送」は、アメリカでは **transportation** が、イギリスでは **transport** が使われることが多い。→ 7

lease /líːs/
名 賃貸契約

You will need to sign a two-year **lease** for the commercial space.
その商業用の場所は2年の賃貸契約を結ぶ必要がある。

派生語 **lease** 動 賃貸する **leasable** 形 賃貸可能な

ひとこと → 4, 7

be familiar with...
…をよく知っている、…に詳しい

Applicants must **be familiar with** this operating system.
応募者はこの基本ソフトをよく知っていなければならない。

派生語 **familiarity** 名 よく知っていること、精通
類語 **at home with...** …に詳しい **well-informed** 詳しい

aware /əwéɚ/
形 気が付いている、知っている

Please be **aware** that the price increase will take effect on January 1st.
1月1日付で値上げが実施されることにご注意ください。

派生語 **awareness** 名 気付いていること、認知度

ひとこと → 7

be aware
気付いている、認識している

Customers should **be aware** that the warranty expires in a year.
顧客たちは保証書の有効期限が1年で切れることを認識すべきだ。

派生語 **awareness** 名 気付いていること
類語 **unaware** 気付いていない

ひとこと → 4, 7

plug /plʌ́g/
動 押し込む、差し込む

Be sure to **plug** your earphone into the jack before using the audio player.
オーディオプレーヤーを使う前にイヤホンをジャッキに必ず差し込んでください。

派生語 **plug** 名 プラグ、差込
類語 **outlet** コンセント　　反意語 **unplug** プラグを抜く

register /rédʒɪstɚ/
動 登録する、記名する

You can **register** for the conference online.
インターネットで会議参加の登録ができる。

派生語 **registration** 名 登録、記録　**registry** 名 登録すること、登録簿
類語 **sign up for...** …に入会する

ひとこと → 4,7

actually /ǽktʃuəli/
副 現実に、実際に

Despite the delay, the team could **actually** meet the deadline.
チームは遅れていたが実際は締め切りに間に合った。

派生語 **actual** 副 実際の
類語 **truly** 本当に

economical /èkənɑ́mɪk(ə)l/
形 経済的な、安い

The proposal was costly, but it was the most **economical** in the long run.
その提案は、費用はかかるが長い目で見れば最も経済的であった。

派生語 **economy** 名 経済　**economic** 形 経済の
economically 副 経済的に

ひとこと → 7

duty /d(j)úːṭi/
名 職務、任務、義務、関税

It is the **duty** of every employee to keep customers informed.
顧客に情報を提供し続けることはすべての従業員の職務である。

ひとこと 「職務」の意味があることを知らない人は意外と多い。
→ 4,7

unfortunately /ʌnfɔ́ətʃ(ʊ)nətli/
副 不運にも、あいにく

Unfortunately, this item cannot be returned because it was purchased on sale.
残念ながら、この商品はセール品ですので返品はできません。

- **派生語** unfortunate **形** 不運な
- **類語** regrettably 残念なことに
- **反意語** fortunately 幸運にも

ひとこと → 4,7

deliver /dɪlívɚ/
動 配達する、届ける

On average it takes 12 minutes to **deliver** each package.
各荷物を配達するのに平均12分かかる。

- **派生語** delivery **名** 配達、送付
- **類語** ship 出荷する、発送する　convey 運搬する

ひとこと パート1を除く全パートで使われる

fee /fíː/
名 料金、謝礼

The law firm was criticized for charging excessive legal **fees**.
その法律事務所は法外な法律相談料を課したとして批判された。

- **類語** charge 使用料
  rate 料金

ひとこと fee schedule「料金体系」の表現も使われる。 → 5&6,7

overtime /óʊvɚtàɪm/
形 時間外の、超過勤務手当の

Managers should consider **overtime** payment when estimating a budget.
部長たちは予算を見積もるときに、残業代を考慮すべきである。

- **派生語** overtime **名** 超過時間、残業代
- **類語** extra hours 残業時間

reserve /rɪzɚ́ːv/
動 予約する、取っておく

You can **reserve** a meeting room through the website.
会議室はウェブサイトからインターネットで予約できる。

- **派生語** reservation **名** 予約
- **類語** book 予約する

ひとこと TOEICではreserveよりbookが使われることが多い。パート1を除く全パートで使われる

45

suburb /sʌ́bɚːb/
名 郊外

The restaurant is located in a quiet **suburb** of San Antonio.
そのレストランはサンアントニオの静かな郊外にある。
類語 outskirts 郊外

ひとこと ➡ 4,7

tenant /ténənt/
名 賃借人、借地人

Each **tenant** must sign a three-year contract for residential space.
各借家人は居住スペースのために3年契約を交わさなければいけない。
類語 landlord 家主

ひとこと ➡ 4,7

printer /prínṭɚ/
名 印刷業者、印刷工、プリンター

Promotional materials will be sent to the **printer** at 5 PM tomorrow.
販売促進資料は明日の午後5時に印刷会社に送られる。
派生語 print 動 印刷する
類語 printing house 印刷会社

ひとこと 「印刷業者」の意味を知らない人が少なくないので注意が必要

promote /prəmóʊt/
動 昇進させる、販売促進する

Management decided to **promote** Ms. Walker in her first year.
経営陣は今年入社したばかりのウォーカーさんを昇進させることを決定した。
派生語 promotion 名 昇進、販売促進
類語 advance 昇進させる　raise 昇進させる

ひとこと 動詞、名詞ともに出題される。パート1を除く全パートで使われる

conference /kɑ́nf(ə)rəns/
名 会議、協議

Exact **conference** dates have not been set yet, but it will take place in June.
会議の正確な日にちはまだ決まっていないが、6月中に開催される。
派生語 confer 動 協議する、話し合う
類語 forum 公開討論会

ひとこと ➡ 4,7

press conference
記者会見

A **press conference** has been scheduled for 8 AM Friday morning.
記者会見は金曜日の朝8時に予定されている。

類語 news conference 記者会見

ひとこと → 7

look up
調べる、探す

You can **look up** information on previous products on our website.
以前の製品情報はわれわれのウェブサイトで調べることができる。

類語 look into... …を調査する、詳しく調べる

invoice /ínvɔɪs/
名 明細記入請求書、送り状

Invoices are sent out to the companies at the end of each month.
請求書は毎月末に取引会社に送付される。

類語 bill 請求書
statement 計算書

ひとこと
ビジネス必須単語。
→ 7

cost /kɔ́ːst/
名 値段、費用

The **cost** of training new workers increases every year.
新入社員の研修費用は毎年増加している。

派生語 cost 動 (費用が)かかる
costly 形 高価な

ひとこと → 4,7

bill /bíl/
名 勘定(書)、請求書、紙幣、法案

I would like to speak with someone about an error in my **bill**.
私の勘定書の誤りについてどなたかとお話ししたいのですが。

派生語 billing 名 請求書の作成
類語 check 勘定書 statement 取引明細書

47

laboratory /lǽb(ə)rətɔ̀:ri/
名 研究室、実験室

The product development team has a modern **laboratory**.
製品開発チームは現代的な実験室を持っている。

類語 **lab** 実験室
workshop 作業場

ひとこと：省略形の**lab**での出題が多い

overnight /òʊvɚnáɪt/
形 翌日配達の、夜通しの

Overnight delivery costs an additional 10 dollars per package.
翌日配達は荷物1つにつき10ドルの追加料金がかかる。

類語 **express** 速達(の)

ひとこと → 7

application form
申込書、申請用紙

You can download an **application form** from our website.
応募用紙は当社のウェブサイトからダウンロードできます。

類語 **registration form** 登録用紙

ひとこと → 4, 7

committee /kəmíti/
名 委員会、委員

Members of the **committee** include public school teachers.
委員会の委員には公立学校の教師が含まれている。

類語 **panel** 委員会

ひとこと → 7

paperwork /péɪpɚwɚ̀k/
名 書類仕事、文書事務

Your job is to handle the **paperwork** and answer emails.
あなたの仕事は事務処理と電子メールに返信することです。

類語 **filing** 書類整理

embassy /émbəsi/
名 大使館

Contact your **embassy** immediately if your passport is lost or stolen.
パスポートを紛失したり盗まれたりした場合は、すぐに大使館に連絡をお取りください。
派生語 ambassador 名 大使
類語 consulate 領事館

branch office
支店、支社

He was transferred to the **branch office** on Main Street.
彼はメインストリートにある支店に異動になった。
類語 headquarters 本社
bureau 支局

ひとこと officeが省略されてbranchだけで使われることもある。
→ 4, 7

complaint /kəmpléɪnt/
名 不平、不満、苦情、クレーム

If you would like to make a **complaint**, please press three.
苦情の申し立てをご希望の場合は、3を押してください。
派生語 complain 動 不平を言う

ひとこと
→ 4, 7

workplace /wə́ːkplèɪs/
名 職場、仕事場

We made efforts to improve the **workplace** environment.
職場の労働環境を改善するよう私たちは尽力した。
類語 worksite 仕事場
at work 職場で

negotiation /nɪgòʊʃiéɪʃən/
名 交渉、話し合い

Negotiations lasted throughout the night in order to reach an agreement.
合意を目指し、夜を徹して交渉が続いた。
派生語 negotiate 動 交渉する　negotiator 名 交渉人
類語 bargaining 交渉

ひとこと
→ 5&6, 7

第2章 Part 2&3で出る単語はこれ！ 応答問題と会話問題に出てくる326語

49

cellphone /sélfòʊn/
名 携帯電話

Be sure to turn off your **cellphone** and all electronic devices.
携帯電話および電子機器はすべて、必ず電源をお切りください。

類語 **mobile phone** 携帯電話

ひとこと
cellphone, mobile phone ともに使われる

mobile phone
携帯電話

The new S-10x **mobile phone** will be on the market in August.
新しい S-10x 型の携帯電話は 8 月に市場に出回る。

類語 **cellphone** 携帯電話

ひとこと
mobile phone、cellphone ともに使われる

feedback /fíːdbæ̀k/
名 意見、感想、反応

Feedback from managers is an essential part of an employee's growth.
管理職からの意見は従業員の成長に不可欠な部分である。

類語 **opinion** 意見
response 反応

ひとこと
→ 5&6, 7

specialize /spéʃəlàɪz/
動 専門にする、専攻する

The teams **specialize** in projects related to the merger and acquisition.
それらのチームは合併と買収に関するプロジェクトを専門にしている。

派生語 **specialty** 名 専門分野、特産品　**specialized** 形 専門の
類語 **major** 専攻する

ひとこと
specialize in の形で使われることが多い
→ 7

mind /máɪnd/
動 いやだと思う、気にする

I don't **mind** if you need to take a few days off work.
必要なら二、三日仕事を休んでも構わないよ。

類語 **dislike …ing** …するのがいやだと思う
object to …ing …するのを不服とする

ひとこと
don't mind「気にしない」の形での出題が多い。**mind** の後には動名詞が続く

get together
集まる、集合する

The two managers will **get together** next month to discuss the plan.
企画について話し合うため、2人の部長は来月会う予定だ。

派生語 get-together 名 インフォーマルな集まり、会合

real estate
名 不動産

The estimated value of the **real estate** was three million dollars.
その不動産の推定価格は300万ドルだった。

類語 realty 不動産
realtor 不動産業者

ひとこと → 4, 7

stationery /stéɪʃənèri/
名 文房具、事務用品

Stationery can be ordered only with the manager's approval.
文房具は部長の許可があってはじめて発注できる。

類語 office furniture オフィス家具

ひとこと → 4, 7

signature /sígnətʃʊɚ/
名 署名、サイン

Each document requires a **signature** from both the buyer and seller.
どの書類にも購入者と販売者の双方の署名が必要だ。

派生語 sign 動 署名する、サインする
類語 autograph （有名人の）サイン

status /stéɪṭəs/
名 状態、状況、地位

Please let me know the current **status** of the report.
その報告書の現在の状況を教えてください。

ひとこと
status quo は「現状」という意味
→ 4, 7

51

recommend /rèkəménd/
動 推奨する、推薦する

It is **recommended** that attendees arrive early.
出席者は早めに到着することを推奨されている。

派生語 recommendation **名** 推薦(状)　recommendable **副** 推薦できる
類語 advocate （意見を）推奨する

> **ひとこと** パート1を除く全パートで使われる

nominate /námənèɪt/
動 指名する、推薦する

We will **nominate** Julia Heath to the head of the design department.
私たちはジュリア・ヒースをデザイン部の部長に推薦します。

派生語 nomination **名** 指名、推薦

> **ひとこと** → 7

admission /ədmíʃən/
名 入場許可、入場料、承認

Admission will only be granted to those on the guest list.
来賓名簿に載っている人だけが入場することを許される。

派生語 admit **動** 認める、許す
類語 entrance fee 入場料

> **ひとこと** → 4,7

postage /póʊstɪdʒ/
名 郵便料金、送料

Please be sure to put the appropriate **postage** on the package.
小包には必ず該当する郵便料金を貼るようにしてください。

類語 delivery charge 送料
　　　 shipping cost 運送料

obtain /əbtéɪn/
動 得る、手に入れる

Vendors must **obtain** a liquor license for the festival.
露店商人はお祭り用の酒類販売許可証を取得しなければならない。

類語 acquire 手に入れる

> **ひとこと** → 5&6

comfortable /kʌ́mfɚṭəbl/
形 快適な、居心地のよい

The chair was made **comfortable** by using natural fabrics.
その椅子は天然素材の生地を使用することで座り心地よく作られていた。

派生語 comfort 名 快適さ　comfortably 副 心地よく
類 語 pleasant 心地よい

ひとこと → 4,5&6

unit /júːnit/
名 一つの物、構成単位

The retail price per **unit** will be determined at the next sales meeting.
単位当たりの小売価格は次の営業会議で決定される。

類 語 component 構成要素
element 要素

admit /ədmít/
動 認める、(入場を)許す、許容する

Security staff was reminded to **admit** only those with security passes.
警備員は通行許可証を持っている者だけを通すように念を押された。

派生語 admission 名 許可、入場料
類 語 permit 許可する　accept 受け入れる

ひとこと → 4,7

material /mətí(ə)riəl/
名 資料、材料、原料

Material for the meeting was sent out to the participants yesterday.
会議の資料は参加者へ昨日送付された。

類 語 raw material 原材料

ひとこと → 4,7

wonder /wʌ́ndɚ/
動 不思議に思う、…ではないかと思う

Many customers **wonder** why we don't stay open later.
多くの顧客はなぜ私たちが遅くまで営業していないのか不思議に思っている。

類 語 doubt (that)... …であることを疑う
fear (that)... …ではないかと心配に思う

ひとこと
wonder if 「…かしら」という表現もよく使われる

luggage /lˈʌɡɪdʒ/
名 (旅行用の)かばん類、手荷物

Be sure to check in your **luggage** at least an hour before boarding.
少なくとも搭乗1時間前には必ず手荷物を預けるようにしてください。
類語 baggage 荷物

ひとこと
→ 4,7

be in stock
在庫のある

The newly released game **is** currently **in stock** in the store.
最近発売されたゲームは現在店に在庫がある。
反意語 be out of stock 在庫切れで

ひとこと
ビジネス必須単語

instruct /ɪnstrˈʌkt/
動 指示する、教える

He **instructed** people to stay seated until their names were called.
彼は、名前が呼ばれるまで着席しているよう人々に指示した。
派生語 instruction 名 指示、教育   instructive 形 教育上の、有益な
instructor 名 講師   **類語** guide 指導する   train 訓練する

ひとこと
→ 4,7

suppose /səpóʊz/
動 思う、推測する

We **suppose** that most customers will like our new services.
ほとんどの顧客が我々の新しいサービスを気に入ると思う。
派生語 supposedly 副 …と思われる、おそらく
類語 guess 推測する

ひとこと
→ 7

commute /kəmjúːt/
名 通勤

I don't mind the long **commute** as long as I have something to read.
何か読むものがあれば、長時間の通勤も気にならない。
派生語 commute 動 通勤する
commuter 名 通勤者

ひとこと
→ 4,7

54

approve /əprúːv/
動 承認する、賛成する

Mr. Wells quickly convinced the board to **approve** the budget increase.
ウェルズ氏はすぐに役員を説得して予算の増加を承認させた。

派生語 approval **名** 承認、賛成
類語 endorse 承認する   **反意語** disapprove 賛成しない

ひとこと パート1を除く全パートで使われる

adjust /ədʒʌ́st/
動 調整する、適合させる

We need to **adjust** the schedule for tomorrow.
明日のスケジュールを調整する必要がある。

派生語 adjustment **名** 調整、適合
類語 tailor 調整する

→ 4, 7

regional /ríːdʒ(ə)nəl/
形 地域の、地方の

Laura Davis was promoted to **regional** marketing manager in March.
ローラ・デイビスは3月に地域のマーケティング部長に昇進した。

派生語 region **名** 地域、地方
類語 local 地方の   provincial 地方の

→ 4, 7

reply /rɪpláɪ/
動 返事をする、応える

Our customer service team will **reply** to your email within 48 hours.
わが社のお客様サービス部は、頂戴したメールには48時間以内にお返事します。

派生語 reply **名** 返事、応答
類語 respond 応える   get back to... …に返事をする

temporary worker
臨時職員、派遣労働者

Kate was hired as a **temporary worker** but was later employed full time.
ケイトは臨時職員として雇われたが、後に正社員になった。

類語 temp staff 臨時職員

→ 7

第2章 Part 2 & 3 で出る単語はこれ！ 応答問題と会話問題に出てくる326語

55

employment /ɪmplɔ́ɪmənt/
名 雇用

Presidential candidates focused on the issue of **employment.**
大統領候補たちは雇用問題に焦点を当てた。

派生語 employ 動 雇用する
employer 名 雇用主

ひとこと long-term employment なら「長期雇用」。 → 7

checkup /tʃékʌp/
名 検査、点検

Employees are required to have a health **checkup** once a year.
従業員は年に一度健康診断を受けるよう求められている。

類語 examination 検査

ひとこと medical checkup「健康診断」が使われることもある

improve /ɪmprúːv/
動 改善する、改良する

The employees gave many ideas to **improve** their work environment.
従業員らは作業環境を改善する多くのアイディアを提案した。

派生語 improvement 名 改善、改良
類語 refine (機械を)改良する

ひとこと パート1を除く全パートで使われる

give a hand
手を貸す、手伝う

She volunteered to **give a hand** at next week's recruiting seminar.
彼女は、来週の新人採用講習会を手伝うことを申し出た。

類語 lend a hand 手を貸す
help ... out …に手を貸す

involve /ɪnvɑ́lv/
動 含む、伴う

The new contract may **involve** a discussion on delivery issues.
新しい契約書は配達の案件に関する議論を含むかもしれない。

派生語 involvement 名 含まれること、関与

ひとこと → 7

apply /əpláɪ/
動 応募する、志願する

Anyone interested can **apply** for the position on the Internet site.
興味がある人は誰でも、そのインターネットサイトに掲載された仕事に応募できる。

派生語 application
名 応募、申込

ひとこと apply for the positon「その職に応募する」の表現が頻出する。パート1を除く全パートで使われる

consumer /kənsúːmɚ/
名 消費者

Consumers are spending much more since the economy has improved.
景気が改善したので消費者はより多くのお金を使っている。

派生語 consume 動 消費する　consumption 名 消費
類語 purchaser 購買客

ひとこと ビジネス必須単語 → 4, 7

detail /díːteɪl/
名 詳細、細部

Please write down the **details** of the call from Mr. Booth.
ブースさんからの電話の詳細を書き留めてください。

派生語 detailed 動 詳しく述べる／形 詳細にわたる
類語 specific 明細、細目

ひとこと 形容詞の detailed もよく使われる。 → 4, 7

stop by
途中で立ち寄る

He said that he would **stop by** our office on his way home.
彼は家に帰る途中で私たちの事務所に立ち寄ると言っていた。

類語 drop by 立ち寄る
　　　 come over 立ち寄る

ひとこと stop by, drop by ともにパート2で使われる

properly /prάpɚli/
副 きちんと、適切に

Inventory must be **properly** stored so that food will maintain its freshness.
食品の鮮度が落ちないよう、在庫品は適切に保管されなければならない。

派生語 proper 形 適切な
類語 appropriately 適切に

ひとこと パート1を除く全パートで使われる

第2章 Part 2 & 3で出る単語はこれ！ 応答問題と会話問題に出てくる326語

57

approval /əprúːv(ə)l/
名 承認

Approval of next year's budget is expected in tomorrow's meeting.
明日の会議で来年度の予算が承認を受ける見通しだ。

派生語 **approve** 動 承認する
類語 **permission** 許可　**endorsement** 承認

ひとこと　パート1を除く全パートで使われる

commit /kəmít/
動 全力を傾ける、約束する

He **committed** 50 hours to the project this week.
彼は今週そのプロジェクトに 50 時間もの時間を割いた。

派生語 **commitment** 名 傾倒、献身、約束

ひとこと　パート1を除く全パートで使われる

office supplies
事務用品

Office supplies are ordered on Mondays and received on Wednesdays.
事務用品は月曜日に発注し、水曜日に受け取る。

ひとこと　office を省略して supplies だけで使われることも多い

traffic congestion
交通渋滞

Residents were worried that the facility would create **traffic congestion**.
住民たちはその施設が交通渋滞を引き起こさないか心配していた。

派生語 **congested** 形 混雑した
類語 **traffic jam** 交通渋滞

ひとこと　→ 4,5&6

exhibit /ɪgzíbɪt/
名 展示（品）

All tickets for the **exhibit** sold out in a single day.
その展覧会のチケットはすべて 1 日で売り切れた。

派生語 **exhibit** 動 展示する、見せる　**exhibition** 名 展覧会、展示会
類語 **display** 展示品　**show** 展示会

ひとこと　名詞、動詞ともに使われる。
→ 7

provide /prəváid/
動 提供する、与える

We **provide** six weeks of training to all new employees.
私たちはすべての新入社員に6週間の研修を与える。

派生語 **provision** 名 提供

ひとこと ➡ 4, 7

have trouble -ing
(…するのに)苦労する、(…するのは)困難である

Users can call customer service if they **have trouble** install**ing** the software.
ソフトウェアをインストールするのに問題があった場合、ユーザーは顧客サービスに電話すればいい。

類語 **have difficulties in...** …するのが難しい

ひとこと ➡ 5&6, 7

concern /kənsə́ːn/
名 懸念、関心

There is growing **concern** about safety at the construction site.
建設現場の安全性に関して懸念が増している。

派生語 **concern** 動 心配させる　**concerning** 前 …に関して
類語 **worry** 懸念　**interest** 関心

ひとこと ➡ 7

urgent /ə́ːdʒənt/
形 急を要する、緊急の

Any **urgent** requests will be handled by my assistant while I am away.
私が留守の間、緊急の依頼にはアシスタントが対応します。

派生語 **urgency** 名 緊急　**urgently** 副 緊急に
類語 **pressing** 急を要する

ひとこと ➡ 7

get to ...
…に到着する、…に着く

The map clearly indicates how to **get to** the factory from the airport.
地図は空港から工場へどのように行くかはっきり示している。

類語 **arrive at...** …に着く

ひとこと
パート2、3頻出単語。
➡ 4

第2章 Part2&3で出る単語はこれ！ 応答問題と会話問題に出てくる326語

outdated /áʊtdèɪtɪd/
形 旧式の、時代遅れの

Our computer network is **outdated** and must be renewed.
我々のコンピューターネットワークは時代遅れなので新しくしなければならない。

類語 **obsolete** 時代遅れの
out-of-date 時代遅れの

ひとこと
→ 7

why not
(提案などに同意して) うんそうしよう

Roy asked me out for dinner, so I said "**Why not?**"
ロイが夕食に誘ってくれたので、私は「そうしましょう」と言った。

類語 **Sure.** わかりました。

ひとこと
パート2で正解の選択肢に使われることがある

turn off
(スイッチなどを)切る、消す

You must be sure to **turn off** the main switch before leaving.
帰る前に必ず主電源を切らなければいけない。

反意語 **turn on** (スイッチを)入れる

ひとこと
→ 4

present /prɪzént/
動 述べる、発表する、贈る

Each speaker will be given 15 minutes to **present** his or her paper.
各講演者は論文を発表するのに15分ずつ与えられる。

派生語 **presentation** 名 発表、プレゼンテーション
presenter 名 発表者、贈呈者 **present** 形 出席して

ひとこと
動詞、名詞、形容詞のすべてが使われる。
→ 5&6, 7

behind schedule
予定より遅れて

Arrival of the airplane was one hour **behind schedule**.
飛行機の到着は定刻より1時間遅れた。

反意語 **on schedule** 予定通りに
ahead of schedule 予定より早く

ひとこと
→ 5&6, 7

certificate /sə(ː)tífɪkət/
名 証明書、証書

A **certificate** will be given to all those who complete the course.
講座を修了した全員に修了証書が与えられる。

派生語 certify 動（資格などを）認定する
certification 名 証明、認定　　certified 形 公認の

ひとこと → 5&6, 7

gathering /gǽð(ə)rɪŋ/
名 集まり、会合

The reading club will have a **gathering** on Monday evening.
読書会は月曜日の夜に集まりを持つ。

派生語 gather 動 集まる
類語 assembly 集会　　meeting 会合

inventory /ínvəntɔ̀ːri/
名 在庫品、棚卸資産

A new system was implemented to accurately monitor **inventory**.
在庫を正確に測定するために新しい制度が実行に移された。

類語 stock 在庫品

ひとこと ビジネス必須単語。→ 4, 7

electrician /ɪlèktríʃən/
名 電気工、電気技師

I have already scheduled an appointment with the **electrician**.
私はすでに電気技師に予約を入れた。

派生語 electricity 名 電気
類語 technician 技術者

ひとこと → 4, 7

budget /bʌ́dʒɪt/
名 予算、経費

The team didn't have enough **budget** to make a TV ad for the new product.
そのチームには新製品のテレビ広告を制作する十分な予算がなかった。

派生語 budgetary 形 予算の
類語 estimate 見積もり　　cost 原価

ひとこと パート1を除く全パートで使われる

61

feel free to...
自由に…する

Feel free to ask any questions at the end of the presentation.
プレゼンテーションの最後に、どんなことでも遠慮なくご質問ください。

類語 **don't hesitate to...** 遠慮なく…してください。

be located in...
…にある

The warehouse **is located in** a convenient place just off the highway.
倉庫は高速道路からほんの少し離れた便利な場所にある。

派生語 **location** 名 場所
類語 **be situated in...** …に位置する

ひとこと → 4, 7

insurance /ɪnʃʊ́(ə)rəns/
名 保険、保険金

Insurance premiums are calculated as a percentage of one's gross income.
保険料は総所得の何パーセントとして計算される。

派生語 **insure** 動 保険に入る
類語 **coverage** 補償範囲　**premium** 保険料

ひとこと → 4, 7

performance /pɚfɔ́ɚməns/
名 業績、性能、演技、演奏

The company's **performance** improved after the president changed.
社長が変わってから会社の業績は好転した。

派生語 **perform** 動 実行する、演じる

ひとこと → 5&6, 7

belongings /bɪlɔ́ŋɪŋz/
名 所有物、身の回り品

Be sure that all personal **belongings** are kept in a safe place.
所持品はすべて安全な場所に保管されていることをご確認ください。

派生語 **belong** 動 所有物である、属する

ひとこと 列車内や機内の放送で多用される
→ 4

reminder /rimáindɚ/
名 思い出させるもの

A **reminder** will be sent out three days prior to the event.
イベントの3日前には催事の案内を発送する。

派生語 remind **動** (人に)思い出させる

transfer /trænsfə́ː/
動 転勤させる、移動させる、振り替える

The senior manager was **transferred** to the head office in Singapore.
シニアマネージャーはシンガポールの本社に異動になった。

ひとこと パート5では「転勤させる」「移動させる」「振り替える」すべての意味で出題される。パート1を除く全パートで使われる

派生語 transfer **名** 転任、移転、振替

grab /grǽb/
動 ひっつかむ、素早く食べる

I need to **grab** a coffee before the meeting starts.
会議が始まる前にコーヒーが飲みたいです。

類語 seize 急につかむ

fill out...
…に書き入れる、記入する

Please **fill out** the form on both sides and hand it in at counter E.
用紙の両面に記入し、Eカウンターに提出してください。

fill in...
…に書き入れる、記入する

Please **fill in** the blank with the most appropriate word.
最も適切な言葉を空欄に書き入れてください。

recipient /rɪsípiənt/
名 受取人、受領者

The **recipient** of this year's award is Sylvia Robbins from the Boston office.
今年の賞の受賞者はボストン事務所のシルビア・ロビンスだ。

派生語 receive 動 受け取る

intensive /ɪnténsɪv/
形 集中的な、徹底的な

The **intensive** course was conducted both Saturday and Sunday.
集中講座は土曜と日曜の両日行われた。

派生語 intense 形 集中した、激しい
類語 in-depth 徹底的な

ひとこと
→ 4, 7

income /ínkəm/
名 収入、所得

Proof of **income** is needed to apply for a bank loan.
銀行ローンの申し込みには所得証明が必要だ。

類語 earnings 収入、所得

job opening
求職口、仕事の口

There is a **job opening** in the marketing department that you can apply for.
あなたが応募できる仕事の口がマーケティング部にあります。

類語 vacancy （職の）空き
job opportunity 就職の機会

ひとこと
jobを省略してopeningだけで使われることも多い。
→ 5&6, 7

device /dɪváɪs/
名 装置、機器、道具

The new **device** is expected to be on the market in the spring.
その新しい機器は春には市場に出回ると予想されている。

類語 apparatus 装置

64

fix /fíks/
動 解決する、修理する

Maintenance staff worked tirelessly to **fix** the problem.
整備担当者は、問題を解決するために精力的に働いた。
類語 **solve** 解決する

ひとこと → 1

understaffed /ʌ̀ndərstǽft/
形 人員不足の

Because the store was **understaffed**, many customers were dissatisfied.
その店は人員不足だったので、多くの客が満足していなかった。
類語 **short-staffed** 人手不足の　**short-handed** 人手不足の
反意語 **overstaffed** 必要以上の人員がいる

return a call
(人に)折り返し電話をする

I will **return your call** by the end of business today.
今日、営業時間が終了する前に、折り返しお電話いたします。
類語 **call ... back** …に折り返し電話をする
　　 place a call 電話をかける

supervisor /súːpərvàɪzər/
名 監督者、管理者、上司

If any problem should occur, please inform your immediate **supervisor**.
何か問題が発生したら、直属の上司に知らせてください。
派生語 **supervise** 動 監督する、管理する　**supervision** 名 監督、管理
類語 **administrator** 管理者　**director** 指導者、重役

ひとこと パート1を除く全パートで使われる

coworker /kóʊwərkər/
名 仕事仲間、同僚

Her **coworkers** respect her ability to handle complicated issues.
彼女の同僚は複雑な問題を処理できる彼女の能力に敬意を払っている。
類語 **colleague** 同僚

ひとこと → 4

summarize /sÁməràɪz/
動 要約する、手短に述べる

We request that you **summarize** your presentation for the brochure.
パンフレット用にあなたのプレゼンテーションを要約してもらいたい。

派生語 **summary** 名 要約
類語 **sum up** 要約する　**outline** 概要を述べる

ひとこと
→ 5&6, 7

retailer /rítèɪlɚ/
名 小売業者、小売店

The survey revealed that a majority of **retailers** opposed the tax hike.
調査により小売業者の大多数が増税に反対であることが判明した。

派生語 **retail** 名 小売／動 小売する
類語 **retail store** 小売店

ひとこと
ビジネス必須単語
→ 4, 7

permit /pɚmít/
動 許す、許可する

The company does not **permit** anyone entering the building after 8 PM.
会社は午後8時以降、誰も建物に入ることを認めない。

派生語 **permission** 名 認可、許可
類語 **allow** 許す　**authorize** 認可する

ひとこと
→ 4, 7

hand out...
…を配る、分配する

Please help me **hand out** these information packets to the audience.
この資料セットを聴衆に配るのを手伝ってください。

類語 **give out...** …を配布する

hand in...
…を手渡す、提出する

Managers should **hand in** maintenance reports at the end of each shift.
管理者は勤務交代時間が終了するたびに、保守管理報告書を提出することになっている。

類語 **turn in...** …を提出する

rather /rǽðɚ/
副 少々、やや

I'd **rather** eat at the cafeteria today because it's raining.
雨が降っているので、どちらかと言えば今日はカフェテリアで食べたい。

類語 a little/a bit 少し
somewhat やや

ひとこと: A rather than B「BよりはむしろA」の表現も出題される
→ 5&6

leave for...
…に向かって出発する

He can't meet on Monday because he will **leave for** Spain tomorrow.
彼は明日スペインに向けて出発するので月曜日に会うことはできない。

類語 depart for... …へ出発する
head to/for... …へ向かう

ひとこと: → 4

especially /espéʃəli/
副 特に、とりわけ

It is common to exchange business cards, **especially** in first-time meetings.
とりわけ初めての会合では、名刺を交換するのが普通だ。

類語 particularly 特別に
chiefly とりわけ

ひとこと: → 7

relieved /rɪlíːvd/
形 ほっとした、安心の

Investors were **relieved** to hear that the CEO would not step down.
最高経営責任者が退陣しないと聞いて投資家達は安堵した。

派生語 relieve **動** 安心させる、和らげる　relief **名** 安心
類語 reassured 安心した

fascinate /fǽsənèɪt/
動 魅了する、うっとりする

Talking about success stories is a great way to **fascinate** an audience.
成功話について語ることは聴衆を魅了する優れた方法だ。

派生語 fascinating **形** 魅惑的な
類語 attract 魅了する　captivate 魅了する

efficient /ɪfíʃənt/
形 効率がよい、有能な

The current computer system will be replaced with a more **efficient** one.
現在のコンピュータシステムはより効率のよいものと交換される。

派生語 **efficiency** 名 効率　　**efficiently** 副 効率よく
類語 **effective** 効果的な

ひとこと：パート1を除く全パートで使われる

work on ...
…に取り組む、…に従事する

She decided to stay in the office late to **work on** the presentation.
彼女は事務所に遅くまで残ってプレゼンテーションに取り組むことにした。

類語 **deal with...** (問題などに)取り組む

ひとこと → 5&6,7

ceiling /síːlɪŋ/
名 天井、上限

Meeting room D cannot be used until the **ceiling** has been repaired.
会議室Dは天井の修理が終わるまで使用できない。

類語 **roof** 屋根
反意語 **floor** 床

résumé /rézəmèɪ/
名 履歴書、概要

Applicants' **résumés** and references will be thoroughly screened.
応募者の履歴書と照会先は徹底的に審査される。

類語 **CV (curriculum vitae)** 履歴書
　　　personal history 履歴書

ひとこと → 4,7

reasonable /ríːz(ə)nəbl/
形 あまり高くない、道理にかなった

The company is known for offering reliable services at **reasonable** prices.
その会社は、信頼のおけるサービスを適正価格で提供するので知られている。

派生語 **reason** 名 理由

ひとこと：パート1を除く全パートで使われる

68

renew /rɪn(j)úː/
動 更新する、継続する

To **renew** your subscription, please fill out the attached form.
購読を更新するには、添付の用紙にご記入ください。

派生語 renewal **名** 更新
類語 continue 継続する　**反意語** discontinue 打ち切る

ひとこと → 7

why don't you...
…してはどうですか？

Why don't you send me your proposal before we meet next week?
来週会う前に、あなたの企画案を私に送ってみるのはどうでしょう。

類語 How about...? …（して）はどうですか？
What about...? …（して）はどうですか？

ひとこと
パート2では問題文にも正解の選択肢にも使われる

how about...
…（して）はどうですか？

If Wednesday doesn't suit you, **how about** Thursday morning?
水曜日は都合が悪いのなら、木曜日の朝はどうですか。

類語 What about...? …（して）はどうですか？
Why don't you...? …してはどうですか？

ひとこと
パート2では問題文にも正解の選択肢にも使われる

what about...
…（して）はどうですか？

What about holding the meeting tomorrow morning?
明日の朝に会議を開いてはどうですか。

類語 Why don't you...? …してはどうですか？
How about...? …（して）はどうですか？

ひとこと
パート2では問題文にも正解の選択肢にも使われる

by hand
手渡しで

Please deliver these documents **by hand** to Mr. Andrews.
これらの書類をアンドリュース氏に手渡しで届けてください。

類語 manually 手で

renovate /rénəvèɪt/
動 修理する、改築する

The company will **renovate** the office while it is closed for the holidays.
その会社は、祭日で閉まっている間に事務所を改築する。

派生語 renovation 名 修理、改築
類語 remodel 改装する　refurbish 改装する

ひとこと → 7

hallway /hɔ́ːlwèɪ/
名 廊下

Meeting room C is at the end of the **hallway** on the right.
会議室Cは廊下の突き当たり、右側にあります。

類語 hall 廊下
　　　 passage 廊下

aid /éɪd/
動 助ける、手伝う

The government promised to **aid** all residents affected by the disaster.
政府は災害に遭ったすべての住民を支援することを約束した。

派生語 aid 名 援助、救済
類語 assist 助ける　support 援助する

out of stock
在庫切れ、品切れ

The LS-3 model is currently **out of stock** at most branches.
LS-3型は現在、ほとんどの店舗で在庫切れになっている。

反意語 in stock 在庫してある

ひとこと → 4,7

charge /tʃɑ́ɚdʒ/
動 請求する、課す

Dinners taken in the hotel restaurant can be **charged** to the company.
ホテルのレストランでとった食事は会社に請求できる。

派生語 charge 名 料金、手数料
類語 levy （税金を）課す

ひとこと
名詞も頻出する
→ 4,7

previous /príːviəs/
形 前の、以前の

I would like to show you the sales figures from the **previous** year.
前年の売上高をお見せしたいと思います。

類語 **preceding** 前の
past 以前の

ひとこと → 4, 7

refund /rɪfʌ́nd/
動 (料金などを)払い戻す

We will **refund** any item that is accompanied by an original receipt.
領収書の原本があれば、どの商品についても返金いたします。

類語 **pay back** 払い戻す

ひとこと 経費などを返済するときに使う**reimburse**との違いは要チェック。パート1を除く全パートで使われる

district /dístrɪkt/
名 地区、区域、管区

The financial **district** is located in the center of the city.
金融街は市の中心に位置する。

類語 **area** 地域
region 地域

ひとこと → 4, 7

reduce /rɪd(j)úːs/
動 減少させる、縮小する

A sale was held in order to **reduce** inventory levels.
在庫高を減らすためにセールが行われた。

派生語 **reduction** 名 減少
類語 **scale down** 縮小する **lessen** 少なくする

ひとこと パート1を除く全パートで使われる

recognize /rékəgnàɪz/
動 識別する、認める、許可する

Jane was easily **recognized** since she was the only one with red hair.
ジェーンはただ一人赤毛だったので簡単に見分けをつけられた。

派生語 **recognition** 名 認識、表彰

ひとこと → 7

71

brochure /broʊʃʊɚ/
名 パンフレット、小冊子

I can send you a **brochure** if you give me your address.
住所を教えてくだされば、パンフレットをお送りします。

類語 pamphlet パンフレット
leaflet 小冊子

ひとこと 日常的にも **TOEIC** でも、**brochure** のほうが **pamphlet** より使われることが多い

headquarters /hédkwɔ̀ɚṭɚz/
名 本社、本部

The relocation of **headquarters** was postponed due to the cost of the plan.
本社の移転は計画費用が原因で延期になった。

類語 head office 本社

→ 4, 7

identification /ɑɪdèntəfɪkéɪʃən/
名 身元確認、身分証明書

For security purposes, government-issued **identification** is required.
防犯のため、政府発行の身分証明書が必要である。

派生語 identify 動 確認する
類語 identification card 社員証　identification badge 社員章

→ 4, 7

quite /kwáɪt/
副 まったく、かなり

Talk of the merger created **quite** a lot of interest among investors.
合併の話は投資家の間にかなりの興味を引き起こした。

類語 pretty かなり、だいぶ

warehouse /wéɚhàʊs/
名 倉庫、商品保管所

Renovations were made to the **warehouse** to create additional space.
スペースをさらに広げるために倉庫が改修された。

類語 storehouse 倉庫
storeroom 保管室

→ 7

estimate /éstəmət/
名 見積もり、概算

It is common to provide a prospective client with a free **estimate**.
将来取引が見込まれる客には無償で見積もりを提供するのが普通だ。

派生語 estimate 動 見積もる、推定する　estimation 名 概算量
類語 quote 見積もり　projection 予測、見積もり

decrease /díːkriːs/
名 縮小、減少

A **decrease** in price may increase our overall profits.
値下げはわれわれの全体的な利益を増加させるかもしれない。

派生語 decrease 動 減少させる
類語 reduction 減少　**反意語** increase 増加

ひとこと パート1を除く全パートで使われる

accounting /əkáʊntɪŋ/
名 会計、会計学

The **accounting** department manager often consults with tax experts.
経理部長はしばしば税金の専門家に相談している。

派生語 accountant 名 会計士、会計係
類語 bookkeeping 簿記

ひとこと パート2でaccountingやaccountantが問いかけで使われると、似た音のトリックを利用してcountが間違いの選択肢に使われることが多い。 ➡ 7

patient /péɪʃənt/
名 患者、病人

The **patient** was released from the hospital three days later.
その患者は3日後に病院から退院した。

派生語 patience 名 我慢

convention /kənvénʃən/
名 (代表者)会議、大会

Our company's annual **convention** was held in Sacramento in June.
私たちの会社の年次総会は6月にサクラメントで開催された。

派生語 convene 動 集まる

➡ 4, 7

第2章 Part 2 & 3で出る単語はこれ！ 応答問題と会話問題に出てくる326語

73

vacant /véɪk(ə)nt/
形 空いている、使用されていない

It was time to sell the property as it had been **vacant** for many years.
その物件はもう何年も空室になっていたので売り時だった。

派生語 vacate 動 明け渡す、立ち退く　vacancy 名 (場所の)空き
類語 unoccupied 空いている、使われていない

> **ひとこと** 形容詞、動詞ともに出題される。パート1を除く全パートで使われる

workforce /wə́ːkfɔ̀ːrs/
名 全従業員、労働力

The **workforce** in the region is well trained and trusted.
その地域の労働者はよく教育されており信頼されている。

類語 labor force 労働力
　　　　manpower 労働力

> **ひとこと** → 7

workload /wə́ːklòʊd/
名 仕事量、作業負荷

His **workload** increased significantly after his promotion.
昇進後、彼の仕事量は著しく増加した。

revise /rɪváɪz/
動 修正する、訂正する

Staff remained in the office overnight to **revise** the report.
従業員は一晩事務所にとどまって報告書を修正した。

派生語 revision 名 改訂、修正

> **ひとこと** パート1を除く全パートで使われる

make revisions
手直しする、修正する

We need more time to **make revisions** to the document.
書類を修正するのにもう少し時間が必要だ。

> **ひとこと** 動詞 revise と同義。revise、make revisions ともに出題される。　→ 5&6, 7

recall /rɪkɔ́ːl/
動 思い出す

I couldn't **recall** her name when we met at the annual conference.
年次会議で会ったとき、私は彼女の名前を思い出せなかった。

類語 remember 思い出す
　　　　 call ... to mind …を思い出す

relative /rélətɪv/
形 関連して、比べて

Relative to other similar products, the new laptop was cheap.
その他の類似製品に比べると、その新しいノート型パソコンは安かった。

派生語 relatively 副 比較的
類語 related 関連した

ひとこと relative to で使われることが多い。 ➡ 7

responsibility /rɪspɑ̀nsəbíləṭɪ/
名 職責、責任

It is the **responsibility** of each employee to attend the workshop.
研修会への参加はそれぞれの従業員の責務である。

派生語 responsible 形 責任のある
　　　　 responsibly 副 責任を持って

ひとこと ➡ 7

depend on ...
…によって決まる、…次第である

How many people come to the party **depends on** the weather.
パーティーに何人来るかは天気次第だ。

ひとこと パート2の正解の選択肢の英文に時々使われる。 ➡ 5&6,7

catering /kéɪtə-ɪŋ/
名 ケータリング、パーティー出張サービス

The small **catering** company grew into a major enterprise.
その小さな仕出し屋は大企業に成長した。

派生語 cater 動 料理を提供する、仕出しする
　　　　 caterer 名 ケータリング業者、仕出し屋

ひとこと ➡ 7

qualification /kwὰləfɪkéɪʃən/
名 資格、適性、技能

Those with proper **qualifications** and adequate experience may apply.
適切な資格と十分な経験がある人は応募できる。

派生語 qualify 動 資格を得る、適任である
qualified 形 資格のある、適任の

ひとこと → 5&6,7

applicant /ǽplɪk(ə)nt/
名 応募者、申込者

All **applicants** must submit a résumé with an application form.
すべての応募者は願書とともに履歴書を提出しなければならない。

派生語 apply 動 申し込む
application 名 申請、申込書

ひとこと パート1を除く全パートで使われる

participate /pɑɚtísəpèɪt/
動 参加する、加わる

All team members are invited to **participate** in the annual event.
毎年恒例のイベントに参加するよう、チームのメンバー全員が招待される。

派生語 participation 名 参加　participant 名 参加者
類語 take part in... …に参加する

ひとこと → 4,7

replace /rɪpléɪs/
動 取り替える、取って代わる

We need to **replace** some equipment that has broken down.
壊れている装置を交換する必要がある。

派生語 replacement 名 交換、取り替え
類語 take one's place …に取って代わる

ひとこと パート1を除く全パートで使われる

relocate /rìːlóʊkeɪt/
動 移転させる、配置替えする

The office was **relocated** to a newer part of the city.
会社は市の新開発された地域に移転した。

派生語 relocation 名 移転、再配置
類語 move 移転させる

ひとこと パート1を除く全パートで使われる

whichever /(h)wɪtʃévɚ/
代名 どちらでも、どちらの…でも

I can meet you at 3 PM or 4 PM, **whichever** you prefer.
午後3時か4時のどちらでも、あなたがご希望の時間にお会いすることができます。

類語 **whatever** どんなことでも　**whoever** だれでも
wherever どこでも

ひとこと パート2では **whichever you like/prefer** の表現が使われる

fare /féɚ/
名 (交通機関の)運賃、料金

The government regulates the **fares** of public transportation.
政府が公共交通機関の運賃を規制している。

類語 **toll** 通行料金

→ 4, 7

put together
作り上げる、まとめる

Young members of the team **put together** the results of our studies.
私たちの研究の成果をチームの若いメンバーがまとめた。

類語 **compile** まとめ上げる

clerical /klérɪk(ə)l/
形 事務(員)の、書記の

The store is going to hire some **clerical** workers next month.
その店では来月、何人か事務員を雇う予定だ。

派生語 **clerk** 名 事務員
類語 **secretarial** 秘書の

→ 7

executive /egzékjʊṭɪv/
名 重役、幹部

Many **executives** at the firm chose early retirement.
その会社では多くの役員が早期退職を選んだ。

派生語 **execute** 動 実行する、遂行する
類語 **director** 重役　**management** 経営陣

→ 7

第2章 Part 2 & 3で出る単語はこれ！ 応答問題と会話問題に出てくる326語

77

used to ...
よく…したものだ、昔は…していた

The manufacturer **used to** make all its clothing in domestic factories.
その製造業者は、かつて衣料品はすべて国内工場で製造していた。

類語 would 〜したものだった

ひとこと used to の後には動詞の原型が続き、一方、be used to の後には動名詞が続く。意味も違うので混同しないこと。➡ 4

architect /άɚ-kətèkt/
名 建築家、建築士

The best **architect** in the country designed the office building.
その国の最も優れた建築家が会社のビルを設計した。

派生語 architecture 名 建築
類語 designer 設計者　builder 建設業者

audit /ɔ́:dɪt/
動 監査する、会計検査する

The company was **audited** every two years.
その会社は2年ごとに会計監査を受けた。

派生語 auditor 名 監査役

evaluate /ɪvǽljuèɪt/
動 評価する、価値を見きわめる

Managers must **evaluate** their subordinates' performance annually.
部長は毎年部下の実績を査定しなければならない。

派生語 evaluation 名 評価
類語 appraise （資産・能力などを）査定する

ひとこと アメリカでは日本より頻繁に従業員を evaluate するため、TOEIC でも出題される。パート1を除く全パートで使われる

determine /dɪtə́:mɪn/
動 決定する、確定する、決心する

The board **determined** that the facility be closed down immediately.
役員会はその施設を直ちに閉鎖することを決定した。

派生語 determination 名 決意　determined 形 決心している
類語 decide 決める

➡ 4,7

78

chair /tʃéɚ/
動 議長を務める

Margaret McDonald will **chair** tomorrow's 2 PM session.
マーガレット・マクドナルドは明日午後2時の会議で議長を務める。

派生語 **chairperson** 名 議長　**chairman** 名 会長、議長、司会者
類 語 **preside** 議長を務める

scissors /sízɚz/
名 はさみ

The new line of **scissors** is popular with hairdressers across the country.
新製品のハサミは全国の美容師に人気がある。

類 語 **ruler** 定規
　　　　glue 糊

help yourself
自分で取って食べる／飲む

Please **help yourself** to drinks from the table at the back of the room.
部屋の奥にあるテーブルのお飲み物をご自由にお取りください。

ship /ʃíp/
動 輸送する、船で運ぶ

We can **ship** orders anywhere in the U.S. and Canada.
注文の品はアメリカとカナダのどこへでも発送できます。

派生語 **shipment** 名 輸送、発送、積み荷

ひとこと
→ 4, 7

look over
…にざっと目を通す、…を調べる

I will **look over** the report and give you some feedback in the morning.
報告書は私が目を通して、朝、君に感想を伝えるよ。

類 語 **research** 調べる

figure /fígjɚ/
名 数字、図、人の姿

All **figures** were verified before the final report was sent out.
最終報告書が発送される前に、すべての数字が検証された。

類語 numeral 数字
chart 図表

ひとこと ビジネスでは「数字」の意味で使われることが多いためか、TOEICでも「数字」の意味での出題が多い。 → 4, 7

administrative /ədmínəstrèɪṭɪv/
形 管理の、運営上の

The manager offered to waive the 50-dollar **administrative** fee.
管理者は50ドルの管理費を免除することを提案した。

派生語 administration 名 管理、運営
administer 動 管理する

→ 4, 7

postpone /poʊs(t)póʊn/
動 延期する、延ばす

It may be necessary to **postpone** the meeting if many people can't attend.
欠席者多数の場合、会議を延期する必要があるかもしれない。

類語 put off 延期する
put ... on hold …を一時保留する

→ 4, 7

expectation /èkspektéɪʃən/
名 予期、期待

His **expectation** for success in the new job is quite high.
新しい仕事での彼の成功への期待はかなり高い。

派生語 expect 動 期待する
類語 prediction 予測

→ 4, 7

observation /ὰbzɚvéɪʃən/
名 所見、見解、観察

The committee made several interesting **observations** on the proposal.
委員会はその提案についていくつか興味深い所見を述べた。

派生語 observe 動 意見を述べる、観察する

personnel /pɚ̀ːsənél/
名 人員、全職員、人事課(部)

The **personnel** department conducts training courses for new employees.
人事部は新入社員に対して研修を行う。

類語 workforce 全従業員
staff 社員、職員

ひとこと → 4, 7

afford /əfɔ́ːrd/
動 余裕がある

We could not **afford** time to conduct a survey before the product launch.
製品発売の前に調査をしている時間の余裕はなかった。

派生語 affordable 形 手頃な、入手可能な

represent /rèprɪzént/
動 代表する、表す

The manager attended the conference to **represent** the marketing division.
部長はマーケティング部を代表して会議に参加した。

派生語 representative 名 代表者　representation 名 表すこと、表明
類語 speak for... …を代表して話す

ひとこと → 4, 7

component /kəmpóʊnənt/
名 部品、パーツ

Each **component** is packed in a different case to avoid confusion.
各部品は、混同されないよう別々の容器に梱包されている。

類語 part 部品
constituent 構成要素

inspection /ɪnspékʃən/
名 検査、調査、点検

Inspection of each item is required before it leaves the factory.
工場から出荷される前に、商品の個別検査が必要である。

派生語 inspect 動 検査する、詳しく調べる　inspector 名 検査官
類語 research 調査、研究

ひとこと → 4, 7

81

equipment /ɪkwípmənt/
名 機器、装置、備品

New office **equipment** will be delivered next Wednesday.
新しい事務機器は来週の水曜日に配達される。
派生語 **equip** 動 装備する
類語 **apparatus** 機器

ひとこと → 7

keep up with ...
…に遅れずについていく

We can **keep up with** our competitors since new machines have been installed.
新しい機械が設置されたので、ライバルから後れを取らずにいられる。

ひとこと → 4, 7

overdue /òʊvɚ́d(j)úː/
形 期限が過ぎた、延着の

This is a reminder that your monthly membership fee is **overdue**.
月会費が未払いとなっていることをお知らせいたします。
類語 **outstanding** 未払いの
　　　behind time (支払が)遅れて

ひとこと → 7

frequently /fríːkwəntli/
副 しばしば、頻繁に

The company **frequently** sends coupons to loyal customers.
その会社はしばしば贔屓客にクーポン券を送っている。
派生語 **frequent** 形 しばしば起こる
類語 **often** しばしば　**time and again** 何度も

ひとこと → 5&6, 7

draft /drǽft/
名 草稿、草案、下図

Figures are usually approximate in the first **draft** of a report.
報告書の初稿の数字はたいてい概算である。
類語 **blueprint** 青写真
　　　outline 概要、輪郭図

ひとこと → 4, 7

ride /rɑ́ɪd/
名 車の迎え、乗車

The **ride** to the Kansai branch took about 30 minutes from the station.
関西支社までは駅から車に乗って約 30 分かかった。

派生語 ride 動 乗る

ひとこと give a ride や need a ride としてもよく使われる

need a ride
車の迎えが要る

Let me know if you **need a ride** to and from the airport.
空港までの送迎が必要な場合はお知らせください。

give a ride
車に乗せること

He was kind enough to **give** us **a ride** to the station.
彼は親切にも私たちを駅まで車で送ってくれた。

類語 give a lift 車に乗せる

deposit /dɪpɑ́zɪt/
名 手付金、補償金、頭金

A **deposit** is required in order to finalize a reservation.
予約を確定させるのに手付金が必要である。

派生語 deposit 動 預ける、手付金として払う
類語 down payment 頭金   installment plan 分割払い

ひとこと → 7

by chance
偶然、たまたま

I met an old friend **by chance** at the airport.
空港で偶然古い友人に出会った。

類語 accidentally 偶然
         by coincidence 偶然

83

strategy /strǽṭədʒi/
名 戦略、方策

Upper management is currently working out a new **strategy**.
管理上層部は現在、新しい戦略を練っている。

派生語 **strategic** 形 戦略的な
strategically 副 戦略的に

ひとこと → 7

facility /fəsíləṭi/
名 設備、施設

A new **facility** will be constructed in the spring.
新しい施設は春に建設される。

類語 **complex** 複合施設

ひとこと → 5&6, 7

resign /rɪzáɪn/
動 辞職する、辞める

Despite her successes in the corporation, she decided to **resign**.
その会社では成功したけれども、彼女は退職する決心をした。

派生語 **resignation** 名 辞任、辞表
類語 **leave** (会社を)辞める　**quit** (仕事などを)やめる

ひとこと → 7

out of order
故障して、不調で

The photocopier is **out of order** so please call a repairperson.
コピー機が故障しているので、修理の人を呼んでください。

類語 **broken** 壊れた
inoperable 操作不能な

ひとこと
機材が故障している場合、**out of order** と書かれた紙が貼られていることが多い

dependable /dɪpéndəbl/
形 信頼できる、当てになる

Because the printer was so **dependable**, it was popular with consumers.
そのプリンターは信頼性が高かったので、消費者の評判が良かった。

派生語 **depend** 動 頼りにする、(…によって)決まる
類語 **reliable** 信頼できる　**trustworthy** 信用できる

ひとこと → 4

worth /wə́ːθ/
前 …に値する、…する価値がある

Despite the high entrance fee, the exhibition was **worth** the price.
入場料は高額だが、展覧会は料金に見合うものだった。
派生語 worth 名 価値　worthy 形 (…に)値する
反意語 worthless 価値のない

ひとこと → 5&6, 7

mechanic /mɪkǽnɪk/
名 機械工、修理工

The factory is looking for a **mechanic** with adequate experience.
その工場では十分経験を積んだ機械工を探している。
派生語 mechanism 名 機械、構造
類語 machinist 機械工　operator 機器運転者

site /sáɪt/
名 場所、用地、敷地

The **site** for the next conference is Chicago.
次回の会議の開催地はシカゴだ。
類語 location 場所
　　　 scene 現場

ひとこと → 5&6, 7

go over…
…を調べる、…を繰り返す

The professor will **go over** the work his students have done.
教授は学生たちが行った研究を詳しく調べる。

aisle /áɪl/
名 通路

The seats along the **aisle** were reserved for members of the press.
通路側の席は報道機関の記者のために取ってあった。
類語 passage 通路

85

be in charge of ...
…を担当して、…を任されて

Stephen Carr **is in charge of** all information that is shared with investors.
投資家と共有するすべての情報はスティーブン・カーが担当している。

類語 be in control 管理して

ひとこと → 4

remain /rɪméɪn/
動 とどまる、依然として…のままである

Head office will **remain** in London after the merger.
合併の後も本社はロンドンにとどまる。

派生語 remaining 形 残りの
類語 stay …のままである

ひとこと → 5&6, 7

restructure /rìstrʌ́ktʃɚ/
動 再構築する

It was decided to **restructure** the compensation system.
給与体系を再構築することが決められた。

類語 reconstruct 再構成する、再建する

ひとこと → 7

fund-raising /fʌ́nd rèɪzɪŋ/
名、形 資金集めの

The **fund-raising** event attracts businesspeople from around the region.
その募金集めのイベントは地域一帯の実業家たちを引きつける。

類語 charity 慈善事業

ひとこと アメリカでは **fund-raising** 関連の催しが頻繁に開かれるので、**TOEIC** でもよく使われる。 → 7

due /d(j)úː/
形 期限がきて、…する予定である

Your first payment will be **due** 30 days after receiving the form.
最初の支払期限は用紙を受け取ってから30日になります。

派生語 due 名 会費、手数料
類語 payable 支払満期の

ひとこと パート1を除く全パートで使われる

86

reliable /rɪláɪəbl/
形 信頼できる、頼りになる

People are willing to pay extra for a **reliable** computer.
人々は信頼できるコンピューターならば少し多めにお金を出すことを厭わない。

派生語 **rely** 動 信頼する、頼る
reliability 名 信頼性

ひとこと → 4, 7

definitely /déf(ə)nətli/
副 明確に、確実に

Yes, we **definitely** need more staff to meet the deadline.
はい、締め切りに間に合わせるには絶対にもっとスタッフが必要です。

派生語 **definite** 形 確かな
類語 **unquestionably** 疑いなく　**absolutely** 確実に

ひとこと → 4, 7

insist /ɪnsíst/
動 主張する、言い張る

He **insisted** that we relocate to the newly constructed building.
彼は新しく建築されたビルに移転しようと主張した。

派生語 **insistence** 名 主張、断言
類語 **assert** 強く主張する

ひとこと → 7

absolutely /ǽbsəlù:tli/
副 完全に、まったく、絶対的に

We will reschedule the meeting only if it is **absolutely** necessary.
絶対に必要というときに限り、会議の日程を再調整する。

派生語 **absolute** 形 完全な、絶対的な
類語 **unquestionably** 疑いなく

appreciate /əprí:ʃièɪt/
動 感謝する、正しく認識する

We **appreciate** efforts made by the team to meet the deadline.
チームが締め切りを守るために注いだ努力に感謝します。

派生語 **appreciation** 名 感謝

ひとこと
動詞、名詞ともに頻出する。
パート1を除く全パートで使われる

assign /əsáɪn/
動 割り当てる、任命する、配属する

Paolo Leone has been **assigned** the task of recruiting local staff.
パオロ・レオーネは地元従業員を雇い入れる業務を割り当てられた。
派生語 assignment **名** 割り当てられた仕事、任務、課題
類語 name 指名する、任命する

ひとこと → 7

current /kɚ́ːrənt/
形 今の、現行の

It is difficult to invest in the **current** economic climate.
現在の経済情勢では投資するのは難しい。
派生語 currently **副** 今のところ、現在は
類語 modern 現代の、今の

ひとこと パート1を除く全パートで使われる

book /búk/
動 予約する

We will need to **book** a meeting room for next week's interviews.
来週の面接のために、会議室を予約する必要がある。
派生語 booking **名** 予約、帳簿
類語 reserve 予約する

ひとこと TOEICではreserveよりもbookが使われることが多い。パート1を除く全パートで使われる

output /áʊtpʊ̀t/
名 生産(高)、出力

Adding a new production line will increase **output**.
新しい生産ラインを加えることで生産高が増える。
類語 yield (作物の)生産量

ひとこと → 7

solution /səlúːʃən/
名 解決、解決策

The **solution** was satisfactory to all concerned parties.
その解決策は関係者すべてにとって満足がいくものだった。
派生語 solve **動** 解決する
類語 resolution 解明

extension /ɪksténʃən/
名 内線（番号）、延期

If you have any additional questions, please call **extension** 221.
さらに質問がある場合は、内線 221 に電話をください。

派生語 **extend** 動 延ばす、広がる

ひとこと: **extension** は「延期」の意味で使われることもある。
→ 4, 7

congested /kəndʒéstəd/
形 混雑した、密集した

Drivers should take caution, as roads will be **congested** over the holidays.
祝祭日の間は道路が混雑するので、運転する人は注意が必要だ。

派生語 **congest** 動 混雑させる　**congestion** 名 混雑
類語 **jammed** 渋滞している　**overcrowded** 過密な

ひとこと: パート1を除く全パートで使われる

suspend /səspénd/
動 一時停止する、保留する、一時中断する

The client decided to temporarily **suspend** the project.
取引先はその企画を一時的に停止すると決めた。

派生語 **suspension** 名 一時停止

ひとこと: → 7

experiment /ɪkspérəmənt/
名 実験、試み

The results of the **experiment** were quite positive.
実験結果はかなり肯定的だった。

派生語 **experimental** 形 実験的な
類語 **trial** 試験、検査

89

rear /ríɚ/
形 後方の、後ろの

Employees should use the **rear** entrance on Elm Street.
従業員はエルム通り側の裏口を使うべきだ。

類語 **back** 後ろの
bottom 下部の

ひとこと ➜ 1

appoint /əpɔ́ɪnt/
動 任命する、指名する

The board will **appoint** the new manager by next Monday.
役員会は来週の月曜日までに新しい部長を任命する。

派生語 **appointment** 名 面会の約束
類語 **nominate** 指名する　**name** 指名する

ひとこと ➜ 4, 7

predict /prɪdíkt/
動 予測する、予言する

The consultant **predicted** that sales would improve next year.
そのコンサルタントは来年売上が改善すると予測した。

派生語 **prediction** 名 予測
類語 **forecast** 予測する　**foresee** 予測する

ひとこと ➜ 7

run out of...
…を使い果たす、なくなる

If you **run out of** copying paper, please call this number.
コピー用紙がなくなったら、この番号におかけください。

類語 **run short of...** …が足りなくなる

stapler /stéɪpələ˞/
名 ホチキス

You should use a large **stapler** to bind the documents.
その書類を留めるには大きいホチキスを使ったほうがいい。

派生語 **staple** 名 ホチキスの針

dispute /dɪspjúːt/
名 議論、論争

A **dispute** between workers and management caused a labor strike.
労働者と経営者の間の論争がストライキを引き起こした。

派生語 dispute 動 議論する、論争する
類語 controversy 論争　debate 議論

ひとこと ➡ 7

statistics /stətístɪks/
名 統計

Statistics can be a powerful tool to convince an audience.
統計は聴衆を納得させるのに強力な手段となりえる。

派生語 statistical 形 統計の
statistically 副 統計的に

ひとこと ➡ 7

quit /kwít/
動 やめる、中止する

My sister **quit** the company to start her own business.
姉は起業するために会社を辞めた。

類語 resign 辞職する
leave （会社を）辞める

distribute /dɪstríbjʊt/
動 配布する、配達する

Handouts were **distributed** to attendees before the seminar.
参加者にはセミナーの前に資料が配られた。

派生語 distributor 名 配達業者
distribution 名 配布、配達、流通

ひとこと 「流通させる」の意味でも使われるマーケティング必須単語。
➡ 4, 7

draw up
（文書を）作成する、（計画を）練る

The lawyer will **draw up** a contract today and mail it out tomorrow.
弁護士は契約書を今日作成し、明日、郵便で発送する。

purchase /pɚ́ːtʃəs/
動 購入する、仕入れる

If you **purchase** a product online, you will receive a 10 percent discount.
インターネットで製品を購入された場合、10%の割引を受けられます。

派生語 purchase 名 購入、購入品
類語 buy 買う

> **ひとこと**
> 名詞でもよく使われる。
> パート1を除く全パートで使われる

agenda /ədʒéndə/
名 協議事項、議事、予定表

Do you know what's on today's **agenda**?
今日はどんな議題があるか知っていますか。

類語 timetable 予定表

> **ひとこと**
> ビジネス必須単語。
> →4, 7

convince /kənvíns/
動 確信させる、納得させる

We must **convince** the client that we can handle the project.
我々にそのプロジェクトを扱うことができると取引先を納得させなければならない。

派生語 convincing 形 説得力のある convincingly 副 説得力をもって、もっともらしく
類語 persuade 説得する

allocate /ǽləkèɪt/
動 割り当てる、分配する、配置する

The committee must decide how to **allocate** the funds.
委員会は資金をどのように配分するかを決めなければならない。

派生語 allocation
類語 allot 割り当てる assign 割り当てる

> **ひとこと**
> 資金、人、物などに対して使える。
> ビジネス必須単語。 →4, 7

consumption /kənsʌ́m(p)ʃən/
名 消費、消費高(量)

Lowering of taxes will likely lead to an increase in **consumption**.
減税は消費の拡大につながりそうだ。

派生語 consume 動 消費する
　　　　 consumer 名 消費者

> **ひとこと**
> ビジネス必須単語。
> →7

considerable /kənsídərəbl/
形 かなりの、相当な、重要な

Considerable effort was made to develop an appropriate strategy.
しかるべき戦略を構築するために、相当な努力が払われた。

派生語 **considerably** 副 かなり
consider 動 熟考する

ひとこと → 5&6,7

inquire /ɪnkwáɪɚ/
動 尋ねる、問う

Many customers called to **inquire** about online payment options.
多くの顧客がインターネットによる支払方法について電話で問い合わせた。

派生語 **inquiry** 名 尋ねること、問い合わせ
類語 **question** 尋ねる

ひとこと パート1を除く全パートで使われる

intervene /ìntɚvíːn/
動 介入する、言葉をさしはさむ

Supervisors should not **intervene** unless it is absolutely necessary.
絶対に必要でない限り、管理者は介入すべきではない。

派生語 **intervention** 名 介入
類語 **interfere** 妨げる　**bother** 邪魔をする

glance /glǽns/
動 ちらりと見る、一瞥する

I would appreciate it if you could **glance** at these sales figures.
この売上高に目を通してくれるとありがたいです。

類語 **take a look at…** …を見る

ひとこと 対象は人だけでなく、書類などの物に対しても使われる

deserve /dɪzɚ́ːv/
動 値する、ふさわしい

It was agreed that Stanley Watson had **deserved** the promotion.
スタンレー・ワトソンが昇進するにふさわしいことが合意された。

類語 **worthy of…** …の価値がある

ひとこと → 5&6,7

第2章 Part 2&3で出る単語はこれ！ 応答問題と会話問題に出てくる326語

plumber /plʌmɚ/
名 配管工

The hotel staff sent a **plumber** to the room to fix the sink drain.
ホテルの従業員は、排水管を直すために水道業者を部屋に行かせた。

類語 sewer 下水管、下水道
　　　　water pipe 水道管

run low on...
…が乏しくなる

The office is **running low on** photocopier paper and stationery.
事務所のコピー用紙と文房具品が足りなくなってきている。

類語 run short of... …が少なくなる

ひとこと
→ 4

locate /lóʊkeɪt/
動 探し出す、突き止める、位置する

It was easy for the doctor to **locate** the sick passenger on the plane.
その医師にとって機内で病気の乗客を見つけるのは容易であった。

派生語 location 名 場所

ひとこと
TOEICでは「探し出す」の意味でも使われるが、「位置する」の意味しか知らない人が多い。→ 4,7

feature /fíːtʃɚ/
名 特徴、特集記事

The new computer has many innovative **features**.
その新しいコンピューターは多くの革新的な特徴を備えている。

派生語 feature 動 特徴付ける、特集する
類語 characteristic 特徴

ひとこと
名詞、動詞ともに出題される。
パート1を除く全パートで使われる

appropriate /əpróʊpriət/
形 適切な、ふさわしい

It will take time to find an **appropriate** replacement for Ms. Bradley.
ブラッドリーさんの代わりになるふさわしい人を見つけるには時間がかかる。

派生語 appropriately 副 適切に

ひとこと
→ 5&6,7

occupation /àkjʊpéɪʃən/
名 職業、仕事、占有

At parties, people often ask about each other's **occupations**.
パーティーでは、しばしばお互いの職業を尋ね合う。

派生語 occupational 形 職業の
類語 profession 専門的職業　vocation 職業

ひとこと 類語の **profession** はパート5でも出題される。 → 7

subordinate /səbɔ́ɚdənət/
名 部下

It is the responsibility of each mentor to train his or her **subordinate**.
部下を教育することは指導者それぞれの責任である。

類語 junior staff 若手社員

excursion /ɪkskə́ːʒən/
名 小旅行、遠出、遠足

Please visit the travel desk in the lobby for details about the **excursion**.
小旅行の詳細についてはロビーのトラベルデスクへお立ち寄りください。

類語 outing 遠足、外出

consequence /kánsɪkwèns/
名 結果、成り行き

John became sick as a **consequence** of working too much.
ジョンは働き過ぎの結果、病気になった。

派生語 consequent 形 結果として起きる
consequently 副 その結果として

ひとこと → 5&6

carry out
実行する、遂行する

It took many years to **carry out** the tax reform.
税制改革を実施するのには何年もかかった。

類語 implement 実行する

accumulate /əkjúːmjʊlèɪt/
動 蓄積する、ためる

Newly established companies should not **accumulate** debt.
新設の会社は債務の累積をしてはならない。

派生語 accumulation 名 蓄積
類語 pile up 累積させる　compile 蓄積する

mark down
(商品を)値引きする

Most of the products were **marked down** for the annual sale.
年に一度のセール用にほとんどの製品が値下げになった。

類語 discount 値引きする
　　　　reduce 値引きする

ひとこと 類語の discount や reduce も頻出する

physician /fɪzíʃən/
名 医者、内科医

Only a licensed **physician** can issue prescriptions for medication.
免許を持つ医師だけが薬の処方箋を発行できる。

類語 practitioner 開業医
　　　　surgeon 外科医

ひとこと doctor は知っていても physician を知らない人が多い

diagnosis /dàɪəɡnóʊsɪs/
名 診察、診断

Some hospitals now allow patients to receive their **diagnosis** by phone.
最近は、病院によっては患者が電話で診断を受けることができる。

派生語 diagnose 動 診断する　diagnostic 形 診断に用いる
類語 symptom 症状　sign 兆候

fine /fáɪn/
名 罰金、科料

You will be charged a substantial **fine** if you park in this area.
この場所に駐車すると相当な額の罰金が科せられます。

類語 penalty 罰金

ひとこと パート1を除く全パートで使われる

courier /kúriɚ/
名 宅配便業者、国際宅配便、国際速達便会社

The **courier** should be here between 11 AM and noon.
宅配便は午前11時から正午の間にここに来（てい）るはずだ。

類語 **carrier** 運送業者
dispatcher 発送係

ひとこと → 4, 7

figure out
見つけ出す、考え出す

Consultants were hired to **figure out** a way to improve logistics.
物流を改善する方法を考え出すためにコンサルタントが雇われた。

類語 **find out** 見つけ出す
come up with... （案など）…を考え出す

ひとこと → 7

backlog /bǽklɔːg/
名 未処理の仕事、受注残高

The **backlog** of orders will take several weeks to process.
注文の未処理分を処理するのに数週間かかる。

類語 **stockpile** 在庫、貯蔵品

ひとこと ビジネス必須単語

payroll /péɪroʊl/
名 給与、給与支払簿（総額）

Please note that the **payroll** department will move to the third floor in May.
給与支払課は5月に3階へ移動することにご注意ください。

類語 **pay** 給与

minute /mínɪt/
名 議事録、覚え書き

Throughout the week, participants took turns keeping meeting **minutes**.
その週を通して、参加者が交代で会議の議事録を取った。

類語 **proceedings** 議事録

explore /ɪksplɔ́ɚ/
動 調査する、調べる、探る

We should **explore** many options before making a final decision.
最終決定をする前に、多くの選択肢を検討すべきである。

派生語 exploration 名 調査、探査、探検
類語 investigate 調査する　probe 精査する

detergent /dɪtɚ́ːdʒənt/
名 合成洗剤、洗剤

The popular **detergent** sells twice as much as its closest competitor.
その評判の良い洗剤は最大のライバル商品の2倍、売れている。

類語 soap 石けん

specification /spèsəfəkéɪʃən/
名 仕様書、明細書

Specifications of the operating system can be found in the manual.
基本ソフトの仕様書はマニュアルに記載されている。

派生語 specify 動 明記する
　　　　 specific 形 明確な、特定の

ひとこと
ビジネス必須単語

prescription /prɪskrípʃən/
名 処方箋、処方

You will need a **prescription** from your doctor to order this medication.
この薬を注文するのには主治医の処方箋が必要だ。

派生語 prescribe 動 処方する
類語 medicine 医薬

ひとこと →7

acquaintance /əkwéɪntəns/
名 知人、知り合い

I would like to introduce you to my business **acquaintance** in Osaka.
大阪にいる取引先の知人をあなたに紹介したいと思っています。

派生語 acquaint 動 知り合いにさせる
類語 associate 仲間、友人

quote /kwóʊt/

名 見積もり、見積価格、引用、引用文

We will receive the **quotes** for the new product from several manufacturers tomorrow.
明日、メーカー数社から新製品の見積もりをもらう。

派生語 quote 動 見積もる、引用する　quotation 名 見積書、引用
類語 estimate 見積もり

ひとこと
「見積もり」の意味の **quote** はビジネス必須単語

substitute /sʌ́bstət(j)ùːt/

動 代理をする、代理になる

I will **substitute** for the manager while he is visiting our factories.
部長が工場を訪れている間、私が代わりを務めます。

派生語 substitution 名 代わりの人／もの
類語 fill in for... …の代わりを務める

第3章

Part4で出る単語はこれ！

説明文問題の理解に必要な158語

→ Track 46-62

save /séɪv/
動 蓄える、取っておく

The financial planner encouraged people to **save** 10 percent of income.
そのファイナンシャルプランナーは収入の10%を貯蓄するよう奨励した。

派生語 **saving** 名 節約、倹約
類語 **set aside** とっておく　**store** 蓄える

ひとこと → 5&6,7

meal /míːl/
名 食事

A light **meal** will be served in Hall C after the morning session.
午前の会議の後、Cホールで軽い食事が出される。

ひとこと → 7

career /kəríə/
名 経歴、職業

She has had a very successful **career** in marketing.
彼女はマーケティングで大成功した経歴を持っている。

類語 **vocation** 職業

ひとこと → 7

highly /háɪli/
副 非常に、高く

The business consultant was **highly** recommended by all her clients.
その経営コンサルタントはクライアント全員に非常に推薦されていた。

派生語 **high** 形 高い、高度な
類語 **hugely** 大いに

ひとこと パート1を除く全パートで使われる

departure /dɪpáətʃə/
名 出発、発車

Please check monitors to see if your **departure** time has been changed.
出発時間に変更がないか、発着案内画面で確認してください。

派生語 **depart** 動 出発する
類語 **takeoff** 離陸　反意語 **arrival** 到着

condition /kəndíʃən/
名 状況、状態、条件

Economic **conditions** improved after the new president took over.
新しい大統領に代わってから、経済状況が好転した。

派生語 ▶ conditional 形 状況による、条件付きの

ひとこと ➡ 7

publisher /pʌ́blɪʃɚ/
名 出版社、発行者

The **publisher** has decided to delay the release of the book.
出版社は本の発行を遅らすことを決めた。

派生語 ▶ publish 動 出版する
publication 名 出版物

ひとこと ➡ 7

retirement /rɪtáɪɚmənt/
名 退職、引退

The entire staff attended Janet Robinson's **retirement** party.
従業員全員がジャネット・ロビンソンの退職記念パーティーに参加した。

派生語 ▶ retire 動 退職する
類語 ▶ retirement party 退職記念パーティ

ひとこと ➡ 2&3, 7

award /əwɔ́ːd/
名 賞、賞品

An **award** will be given to the team with the best sales performance.
最高の販売実績を上げたチームには賞が与えられる。

派生語 ▶ award 動 (賞などを)与える
類語 ▶ prize 賞品

ひとこと
TOEICには賞に関する話がよく出てくる。
パート1を除く全パートで使われる

celebrate /séləbrèɪt/
動 祝う

Researchers gathered to **celebrate** the approval of the new drug.
新薬の認可を祝うために研究者たちは集まった。

派生語 ▶ celebration 名 お祝い

ひとこと ➡ 7

public transportation
公共交通機関

Public transportation is the most affordable way to commute to work.
公共交通機関は最も安価な通勤手段である。

ひとこと → 5&6, 7

be pleased with ...
…を喜ぶ

The questionnaire indicated that the guest **was pleased with** the service.
アンケートはその客がサービスに満足したことを示していた。

類語 **be delighted with...** …に喜ぶ

ひとこと → 7

as long as ...
…する限り

You can take the book home **as long as** you return it tomorrow.
明日戻してくれさえすれば、その本は家に持ち帰れます。

類語 **as far as...** …に関する限りは

sightseeing /sáɪtsìːɪŋ/
名 観光、見物

Many tourists visited the area for **sightseeing** and for its great local foods.
観光と地元のおいしい料理を目当てに多くの旅行客がその地域を訪れた。

派生語 **sightseer** 名 観光客
類語 **go vacationing in...** …に休暇で行く

ひとこと → 7

anniversary /ænəvə́ːs(ə)ri/
名 記念日、記念祭

A celebration for the 10th **anniversary** was held in the main hall.
10周年記念の祝賀会は大ホールで行われた。

類語 **commemoration** 記念すること

ひとこと → 7

104

contain /kəntéɪn/
動 含む、入っている

All of our organic products **contain** locally grown ingredients.
当社の有機製品にはすべて、地元で育てられた素材が入っている。

派生語 container **名** 容器
類語 include 含む　carry 伴う、含む

ひとこと → 5&6,7

transport /trænspɔ́ːt/
動 輸送する、運送する

The company can **transport** food items across the country very efficiently.
その会社はとても効率的に全国に食料品を輸送することができる。

派生語 transportation **名** 輸送、運送

ひとこと → 2&3,7

industry /índəstri/
名 産業、工業

The automotive **industry** has been suffering from the long recession.
自動車産業は長びく不況に苦しめられている。

派生語 industrial **形** 工業の
類語 manufacturing 製造

ひとこと → 7

complete /kəmplíːt/
動 完成させる、仕上げる

After you **complete** the form, please bring it to counter A.
用紙に記入し終わったら、Aカウンターに持って行ってください。

派生語 complete **形** 完成した、完全な　completion **名** 完成
類語 accomplish 完成させる

ひとこと パート1を除く全パートで使われる

make sure
確かめる、間違いなく…するようにする

Employees must **make sure** all doors are locked before leaving.
従業員は帰宅する前にすべてのドアに鍵がかかっているのを確認しなければならない。

類語 make certain 確かめる
　　　 ensure (that)... 必ず…となるようにする

ひとこと → 7

第3章 Part 4で出る単語はこれ！ 説明文問題の理解に必要な158語

105

delighted /dɪláɪtɪd/
形 大いに喜んで

We are **delighted** to have such a renowned speaker with us today.
私たちは今日このような著名な講演者をお迎えすることができ、大変光栄に思っております。

派生語 delight 名 喜び／動 大喜びさせる
類語 pleased 喜んで　thrilled 大喜びで

ひとこと
be delighted to...「喜んで…する、…できて光栄だ」の形で使われることが多い。 → 7

look forward to ...
…を楽しみにする

We are **looking forward to** seeing you at the next meeting.
次の会合でお会いするのを楽しみにしています。

類語 await 期待して待つ

ひとこと → 5&6, 7

achieve /ətʃíːv/
動 成し遂げる、達成する

Goals must be set in advance in order to **achieve** your objectives.
目標を達成するためには前もってゴールを定めるべきだ。

派生語 achievement 名 成果、業績、成し遂げること
類語 attain 達成する　accomplish 達成する

ひとこと → 7

strict /stríkt/
形 厳しい、厳格な

He has a reputation for being **strict** with new employees.
彼は新入社員に厳しいという評判だ。

派生語 strictness 名 厳しさ
類語 stringent 厳しい　harsh 厳しい

ひとこと → 7

electricity /əlèktrísəṭi/
名 電気、電流

There are back-up generators in case the **electricity** cuts out.
電気が遮断されたときのために、予備の発電機がある。

派生語 electric 形 電気の
electrically 副 電気を使って

106

reach /ríːtʃ/
動 連絡を取る、(物を)取る、手が届く、到着する

You can **reach** me at the Seaway Hotel while I am in Singapore.
私がシンガポールにいる間は、シーウェイホテルで連絡がつきます。

派生語 reach 名(手などを)伸ばすこと、届く範囲　reachable 形 連絡可能な
類語 get in touch with... …と連絡を取る

ひとこと → 1,2&3,7

proper /prɑ́pɚ/
形 適切な、ふさわしい

Please ensure that people sign contracts in the **proper** spaces.
契約書は間違いなく適切な場所に署名させるようにしてください。

派生語 properly 副 適切に
類語 decent まともな

delay /dɪléɪ/
動 遅らせる、延期する

The arrival of the plane is **delayed** due to bad weather.
悪天候のため、飛行機の到着が遅れている。

派生語 delay 名 遅れ、遅延
類語 put off 延期する

ひとこと パート1を除く全パートで使われる

operation /ὰpəréɪʃən/
名 業務、作業、運転

We transferred **operations** to China because labor costs are much cheaper.
人件費が相当安いので、われわれは業務を中国に移転した。

派生語 operate 動 作動する、営業する、操作する
　　　　 operational 形 運転可能な

ひとこと パート1を除く全パートで使われる

stock /stɑ́k/
名 在庫品、仕入れ品、株(式)

Additional **stock** will be needed before entering the holiday season.
休暇の期間に入る前に、在庫の追加が必要になる。

派生語 stock 動 蓄える、備える
類語 inventory 在庫品

ひとこと → 2&3,7

第3章 Part 4で出る単語はこれ！ 説明文問題の理解に必要な158語

107

climate /klάɪmət/

名 気候、風潮、傾向

Climate change is the main theme of our research paper.
気候の変動は私たちの研究論文の主要テーマだ。

> ひとこと
> 「傾向」という意味で使われることもある

stress /strés/

動 強調する、力説する

The report **stressed** the importance of close cooperation between divisions.
報告書は部門間の緊密な協力の重要性を強調していた。

類語 **emphasize** 強調する
　　 underline 強調する

→ 7

take a message

伝言を受け取る

The secretary will **take a message** when I am on a business trip.
私の出張中は、秘書が伝言を受ける。

類語 **receive a message** 伝言を受ける

→ 2&3

leave a message

伝言を残す

You are welcome to **leave a message** or call back later.
ご伝言を残されても、後ほどおかけいただいても構いません。

類語 **pass on a message** 伝言を伝える
　　 deliver a message 伝言を届ける

→ 2&3

avoid /əvɔ́ɪd/
動 避ける、しないようにする

You should **avoid** the main street bridge while repairs are being done.
修繕が行われている間、大通りの橋は避けたほうがいい。

類語 stay away from... …を避ける

ひとこと → 5&6,7

line /láɪn/
名 品揃え、取扱商品

A new **line** of computers will be released on the market next month.
来月、コンピューターの新製品が市場に出回るようになる。

類語 selection 品揃え

ひとこと → 2&3,7

grateful /gréɪtf(ə)l/
形 感謝する、ありがたく思う

The speaker said that he was **grateful** for all the support he had received.
講演者はそれまでに受けたすべての支援に対し感謝していると述べた。

類語 obliged 感謝している
appreciative 感謝している

metropolitan /mètrəpɑ́lətn/
形 大都市の、主要都市の

Rent hikes caused many companies to move out of the **metropolitan** area.
賃借料の値上がりは多くの企業が大都市圏から出て行く原因となった。

類語 urban 都会の
反意語 provincial 地方の

mention /ménʃən/
動 言及する、…について話す

The spokesperson did not **mention** why the changes were necessary.
報道官はなぜ変更が必要だったかについて言及しなかった。

類語 touch on/upon... …について触れる
bring up （話題を）持ち出す

ひとこと → 7

previously /príːviəsli/
副 以前に、前もって

She was confident because she had **previously** led a similar project.
彼女は以前に同様のプロジェクトを指揮したことがあったので自信があった。

ひとこと
→ 5&6,7

enthusiastic /ɪnθ(j)ùːziǽstɪk/
形 熱心な、やる気のある

We need to hire a trainer who is **enthusiastic** about his or her job.
われわれは仕事熱心なトレーナーを雇う必要がある。

派生語 **enthusiasm** 名 熱心さ　**enthusiastically** 副 熱心に、熱狂的に
類語 **eager** 熱心な　**vigorous** 活発な

ひとこと
求人広告でも使われる。
→ 5&6,7

take place
行われる、起こる

This year's marketing conference will **take place** in May instead of June.
今年のマーケティング会議は6月ではなく5月に行われる。

類語 **happen** 起こる
　　　occur 起こる

ひとこと
→ 7

experienced /ɪkspíː(ə)riənst/
形 経験豊かな、熟達した

The company said it was willing to pay more for an **experienced** engineer.
会社は、経験豊富な技術者ならもっとお金を払っても構わないと言った。

派生語 **experience** 名 経験
類語 **skilled** 熟達した　**trained** 熟練した

ひとこと
求人広告でよく使われる。
→ 5&6,7

task /tǽsk/
名 仕事、職務、作業

The **task** was time-consuming and very difficult to complete.
その仕事は時間がかかり、仕上げるのがとても難しかった。

類語 **assignment** 業務
　　　duty 職務

ひとこと
→ 5&6,7

emergency /ɪmə́ːdʒənsi/ 名 非常の場合、緊急事態

In the case of an **emergency**, do not use the elevators.
緊急時は、エレベーターの使用を禁止する。
派生語 **emergent** 形 緊急の
類語 **emergency exit** 非常口　**emergency call** 緊急通話

in advance 前もって、あらかじめ

Concert tickets can be purchased **in advance** or at the door.
コンサートのチケットは事前に購入することもできるし窓口でも購入できる。

ひとこと　パート1を除く全パートで使われる

informative /ɪnfɔ́əmət̬ɪv/ 形 情報を提供する、有益な

The engineer made a very **informative** presentation of the new device.
その技術者は、新しい機器に関するとても有益な発表を行った。
派生語 **inform** 動 知らせる　**information** 名 情報
類語 **instructive** 教育的な、有益な

ひとこと → 2&3, 7

state /stéɪt/ 名 状態、様子、ありさま

The **state** of the company was in jeopardy due to increasing competition.
競争の激化によりその会社は危機的な状態にあった。
類語 **condition** 状態
　　 status 状態

reward /rɪwɔ́əd/ 名 報酬、報償

A **reward** was given to employees who worked on the project.
そのプロジェクトに関わって働いた従業員に報酬が与えられた。
派生語 **reward** 動 報いる
　　　 rewarding 形 報われる、実りある

ひとこと → 7

forecast /fɔ́ɚkæst/
動 予想する、予測する

It is difficult to **forecast** economic trends far into the future.
遠い未来まで経済傾向を予測するのは難しい。

派生語 forecast 名 予想、予測
類語 predict 予測する　foresee 予測する

ひとこと → 7

opportunity /àpət(j)úːnəti/
名 機会、好機

The company lost the **opportunity** to penetrate the European market.
その会社はヨーロッパ市場に進出する機会を逸した。

類語 chance 機会

ひとこと
ビジネスで多用される。
パート1を除く全パートで使われる

emphasize /émfəsàɪz/
動 強調する、重要視する

The speaker **emphasized** the importance of good communication.
講演者は良好なコミュニケーションの重要性を強調した。

派生語 emphasis 名 強調
類語 underline 強調する　stress 強調する

ひとこと → 7

confident /kάnfədnt/
動 確信している、自信がある

I am **confident** that the problem can be solved by the end of the week.
週の終わりまでにその問題は解決すると確信しています。

派生語 confidence 名 確信、自信

ひとこと → 7

in fact
実際に、事実

In fact, customer service levels are improving in all of our stores.
実際、顧客サービスの水準はすべての店舗で改善している。

類語 as a matter of fact 実は
　　　 in reality 実際には

cooperation /koʊὰpəréɪʃən/
名 協力、協同

Thank you for your **cooperation** in answering the survey.
調査票へのご回答にご協力くださり、ありがとうございます。

派生語 cooperate 動 協力する　cooperative 形 協力的な
類語 collaboration 協調、協同

ひとこと → 7

subject /sʌ́bdʒɪkt/
名 主題、テーマ、議題

The **subject** of his talk was familiar to most attendees.
彼の話のテーマはほとんどの参加者になじみがあるものだった。

派生語 subjective 形 主観的な
類語 theme 論題

ひとこと → 7

profit /prάfɪt/
名 利益、収益、得

The new CEO was able to make a **profit** within a year and turn the company around.
新しい最高経営責任者は1年以内に利益を上げ、会社を好転させることができた。

派生語 profit 動 利益を得る　profitable 形 利益を生む
反意語 loss 損失

ひとこと → 2&3, 7

establish /ɪstǽblɪʃ/
動 設立する、開設する、確立する

The company will **establish** a new branch in a central location.
その会社は中心部に新しい支店を設立する。

派生語 established 形 名声が確立した　establishment 名 設立すること
類語 set up 設立する

ひとこと → 7

along with... …に加えて、…と一緒に

You have to submit a résumé **along with** three references.
3通の照会先と一緒に履歴書を提出しなければならない。
類語 together with... …と一緒に

talented /tæləntɪd/ 形 才能のある、有能な

The company announced that it was looking to hire **talented** staff.
会社は有能な社員を雇う予定であると発表した。
派生語 talent 名 才能
類語 gifted 才能のある

ひとこと → 7

remind /rɪmάɪnd/ 動 思い出させる、気付かせる

The staff is **reminded** that the meeting will be held after work.
従業員は仕事の後に会議があると念を押されている。
派生語 reminder 名 思い出させるもの／人
類語 call attention to... …に注意を向ける

ひとこと → 2&3,7

encourage /ɪnkə́ːrɪdʒ/ 動 奨励する、促進する

The company **encourages** employees to work as a team.
会社は従業員に対してチームで働くことを奨励する。
派生語 encouraging 形 勇気づける、励みになる encouragement 名 奨励
反意語 discourage やる気をそぐ、失望させる

ひとこと → 5&6,7

practical /præktɪk(ə)l/ 形 現実的な、実際的な

It was a **practical** solution to the complicated problem.
それは複雑な問題に対する現実的な解決策だった。
派生語 practice 動 実行する、練習する practically 副 現実的に
類語 realistic 現実的な

ensure /ɪnʃʊɚ/
動 確実にする、保証する

To **ensure** safety, please keep your seatbelts fastened whenever seated.
安全を確保するため、座っているときは必ずシートベルトを着用したままにしてください。

ひとこと
→ 5&6, 7

capital /kǽpət̬l/
名 資本、資金

Additional **capital** will be needed to complete the project.
そのプロジェクトを完了するにはさらに資金が必要になる。

author /ɔ́ːθɚ/
名 著者、作者

The **author** of the best-selling novel will be signing books after the talk.
そのベストセラー小説の著者は講演の後、本にサインをします。

類語 writer ライター

ひとこと
→ 2&3, 7

a wide variety of …
多種多様の、幅広い、いろいろな

You will find **a wide variety of** products on our newly updated website.
最近更新したわが社のウェブサイトでは豊富な種類の製品がご覧いただけます。

類語 a wide selection of… 幅広い品揃えの

ひとこと
→ 5&6, 7

a wide range of …
広範囲の、幅広い

The retailer is famous for having **a wide range of** products.
その小売店は幅広い製品があることで有名だ。

ひとこと
→ 7

115

loyal /lɔ́ɪ(ə)l/
形 忠実な、忠義な、誠実な

In order to retain **loyal** customers, the company provided various incentives.
忠実な顧客をつなぎとめるために、会社はさまざまな手立てを講じた。

派生語 loyalty 副 忠実さ
類語 faithful 忠実な

afterwards /ǽftɚwɚdz/
副 その後、あとで

All attendees are invited to join the event that will be held **afterwards**.
出席者は全員、その後開かれるイベントに参加するよう招待されている。

類語 later あとで
反意語 beforehand 前もって

ひとこと
→ 5&6,7

renovation /rènəvéɪʃən/
名 修理、改装

Renovations have been scheduled to take place in September.
改修は9月に行う予定になっている。

派生語 renovate 動 修理する、改装する
類語 refurbishment 改装　restoration 改装

ひとこと
→ 2&3,7

deal /díːl/
名 契約、商取引

The **deal** was approved after a brief discussion among board members.
取締役会の役員による短い協議ののち、その取引は承認された。

派生語 deal 動 扱う、対処する、取引する
類語 trade 取引、売買　contract 契約

ひとこと
ビジネス必須単語
→ 2&3,7

issue /íʃuː/
動 発行する、支給する

The real estate agent **issues** a report to their clients every April.
その不動産会社は毎年4月に、顧客に報告書を発行する。

派生語 issue 名 発行(物)、問題点
類語 put out 発行する

ひとこと
パート1を除く全パートで使われる

transit /trǽnsɪt/
名 別便への乗り換え、通過、移行

Many passengers use the airport for **transit** to other airlines.
多くの乗客が他社便への乗継でその空港を利用する。

派生語 transitional 形 過度期の
transition 名 推移

take advantage of ...
…を利用する

Customers should **take advantage of** this offer to get a 50 percent discount.
顧客は50%割引になるこの特典を利用したほうがいい。

類語 put ... to use …を利用する
make the most of... …を最大限に活用する

critical /krítɪk(ə)l/
形 重大な、決定的な、批判の

Improving customer service is the most **critical** item on today's agenda.
顧客サービスの向上は、今日の議題の中で最も重要な項目である。

ひとこと TOEICでは「重大な」の意味で使われることが多い。 → 7

派生語 critically 副 決定的に、批判的に　critic 名 批評家
類語 crucial 重大な

overview /óʊvɚvjùː/
動 概観する

The report **overviews** changes that are needed in management.
その報告書は経営に求められる変化について概観している。

派生語 overview 名 概観、あらまし
類語 outline 概要を述べる

ひとこと → 7

temperature /témp(ə)rətʃʊɚ/
名 温度、気温

The **temperature** is expected to go up to a record high today.
気温は今日、記録的な高さまで上がると予測されている。

類語 thermometer 温度計

ひとこと → 7

117

declare /dɪkléɚ/
動 宣言する、言明する

The company **declared** that they will close two factories in the region.
会社はその地域にある2つの工場を閉鎖すると宣言した。
派生語 declaration 名 宣言
類語 proclaim 宣言する　profess 言明する

neighborhood /néɪbɚhʊd/
名 近所、近辺

Most of our **neighborhood** goes to St. Peter's Church on Sunday.
近隣のほとんどの人が日曜日に聖ペテロ教会に行く。
派生語 neighbor 名 隣人
　　　　neighboring 形 隣の

ひとこと → 7

souvenir /sùːvəníɚ/
名 土産、記念品

It is not necessary to buy **souvenirs** when travelling on business.
出張のときはお土産を買う必要はない。
類語 gift 贈り物

ひとこと → 5&6

established /ɪstǽblɪʃt/
形 確立した、認められた

The **established** Japanese clothes maker decided to expand overseas.
名声を確立したその日本の洋服メーカーは、海外に進出することを決めた。
派生語 establish 動 確立する　establishment 名 設立(すること)
類語 accepted 確立した

claim /kléɪm/
動 主張する、要求する

He **claimed** that he locked all the doors before leaving the building.
彼は建物を出る前にすべてのドアに鍵をかけたと主張した。
派生語 claim 名 主張、要求
類語 assert 主張する

ひとこと → 7

honor /ánɚ/
動 栄誉を与える、光栄と感じる

The president is **honored** to receive such a prestigious award.
社長はそれほど権威ある賞を受賞して光栄に思っている。

派生語 **honorable** 形 栄誉のある

→ 5&6, 7

routine /ruːtíːn/
名 日課、いつもの手順

Her morning **routine** includes checking emails from her clients.
彼女の朝の日課は顧客からの電子メールのチェックを含む。

類語 **routine work** 通常業務
daily routine 日常業務

→ 7

generous /dʒén(ə)rəs/
形 寛大な、気前のよい

We would like to thank guests for their **generous** donations.
寛大なご寄付につきまして、ご来賓の皆様に感謝申し上げます。

派生語 **generosity** 名 寛大さ
類語 **charitable** 気前よく施しをする **big-hearted** 寛大な

→ 7

maintenance /méɪnt(ə)nəns/
名 維持、保守、整備、管理

Monthly **maintenance** is required to keep your website safe and secure.
ウェブサイトを安全かつ安定した状態に保ち続けるためには毎月の維持管理が必要だ。

派生語 **maintain** 動 保つ、維持する
類語 **take care of…** …の手入れをする **preservation** 維持

→ 2&3, 7

praise /préɪz/
動 ほめる、賞賛する

Ms. Gibson was **praised** for her outstanding organizational skills.
ギブソンさんはその卓越した組織運営能力により称えられた。

類語 **compliment** ほめる

→ 5&6, 7

arise /ərάɪz/
動 起こる、生じる

If any problems should **arise** while I am away, please contact Judy Lee.
私の留守中に問題が起きたら、ジュディ・リーに連絡を取ってください。

ひとこと → 7

achievement /ətʃíːvmənt/
名 業績、手柄、達成

We should take time to congratulate staff on all of their **achievements**.
社員のあらゆる業績を称えるために時間をとるべきだ。

派生語 **achieve** 動 成し遂げる、達成する
類語 **accomplishment** 業績

ひとこと → 7

measure /méʒɚ/
名 手段、方策

Strict **measures** were taken to reduce the risk of defects.
欠陥のリスクを縮小させるために厳しい措置が取られた。

派生語 **measure** 動 測定する
measurement 名 寸法、計測

ひとこと → 2&3, 7

invention /ɪnvénʃən/
名 発明、発明品

The company developed the new product based on the **invention** made by their researchers.
その会社は社内の研究者の発明を基に新製品を開発した。

派生語 **invent** 動 発明する　**inventor** 名 発明者

warn /wɔ́ɚn/
動 警告する、注意する

The bank should **warn** customers to be careful when using credit cards online.
銀行はインターネットでのクレジットカードの使用には注意するよう顧客に警告すべきだ。

派生語 **warning** 名 警告、警報
類語 **alert** 注意する

ひとこと → 7

ballroom /bɔ́:lrù:m/
名 ホテルなどの舞踏場

The convention center has a **ballroom** that can hold up to 1500 people.
その会議場には1500名まで収容できる舞踏場がある。

類語 banquet room 宴会場
lounge ラウンジ

ひとこと → 7

attendee /ətèndí:/
名 出席者

Seminar **attendees** must sign in at the reception desk on the third floor.
セミナーの出席者は3階の受付で登録しなければならない。

派生語 attend 動 出席する　attendance 名 出席、出席率
類語 participant 参加者

ひとこと → 2&3

underway /ʌ̀ndɚwéɪ/
形 進行中で

Attendees cannot enter the auditorium once a presentation is **underway**.
いったんプレゼンテーションが始まったら、出席者は講堂に入ることができない。

類語 in progress 進行中で

ひとこと → 1,2&3,7

suffer /sʌ́fɚ/
動（苦痛などを）経験する、（損害などを）被る

The children in the disaster area **suffered** from the lack of medical care.
災害地の子どもたちは医療の欠如に苦しんだ。

類語 go through... …を経験する
experience 経験する

currency /kɚ́:rənsi/
名 通貨

We are pleased to announce that we now deal in foreign **currency**.
現在は外貨を取り扱っておりますことをお知らせいたします。

類語 coin 硬貨

121

refreshment /rɪfréʃmənt/
名 飲食物、軽食

Refreshments will be served at 3 PM in conference room B.
午後3時に会議室Bで軽食が出される。

派生語 refresh 動 気分がすっきりする　refreshing 形 気分をすっきりさせる
類語 snack 軽食

ひとこと → 2&3

restrict /rɪstríkt/
動 制限する、禁止する

We can **restrict** access by installing a security password system.
防犯パスワードシステムをインストールすることによりアクセスを制限することができる。

派生語 restriction 名 制限
類語 limit 制限する　ban 禁止する

ひとこと → 7

dairy product
乳製品

All **dairy product** labels must include an expiration date.
すべての乳製品のラベルは消費期限を表示しなければならない。

類語 dairy farm 酪農場　dairy goods 酪農品

allow A to …
Aが…することを許す／認める

The identification card will **allow** staff **to** enter the facility more easily.
身分証明書は従業員がより容易にその施設に入ることを可能にする。

類語 enable A to… Aが…することを可能にする
　　 permit A to… Aに…することを許す

ひとこと → 5&6, 7

knowledgeable /nɑ́lɪdʒəbl/
形 博識な、精通している

He is respected because he is **knowledgeable** on the subject.
彼はその題目について精通しているため、尊敬されている。

派生語 knowledge 名 知識
類語 well-informed 博識な　learned 博学な

ひとこと → 7

productive /prədʌ́ktɪv/
形 生産的な、生産力を有する

The newly installed equipment is more **productive** than the older models.
新しく設置された設備は古い型よりも生産性が高い。

派生語 **produce** 動 生産する、製造する
productivity 名 生産性

latest /léɪṭɪst/
形 最新の、最近の

The AR-1 contains all the **latest** features and comes at an affordable price.
AR-1はすべての最新機能を備え、かつ、手ごろな価格である。

類語 **current** 現在の、最近の

ひとこと → 7

pharmaceutical /fɑ̀ɚ-məsúːṭɪk(ə)l/
形 薬剤の、製薬の

Pharmaceutical companies often receive support from the government.
製薬会社はしばしば政府から支援を得ている。

派生語 **pharmacy** 名 薬局
pharmacist 名 薬剤師

ひとこと → 2&3, 7

accessible /æksésəbl/
形 近づきやすい、接近できる

The new highway exit will make the industrial area more **accessible**.
新しい高速道路の出口によりその工業地帯は一層行きやすくなる。

派生語 **access** 名 近づく方法、交通の便／動 近づく、利用する
類語 **reachable** 到達できる　**handy** すぐ近くにある、手が届く

ひとこと パート1を除く全パートで使われる

governor /gʌ́v(ə)nɚ/
名 知事、州知事

The **governor** made an address to the audience last night.
昨晩、知事は聴衆に向けて演説をした。

派生語 **government** 名 政府

availability /əvèɪləbíləṭi/
名 利用できること、入手可能性、使用可能性

The customer called to find out the **availability** of an ocean view room.
その客は海の見える部屋の空き状況を確かめるために電話をした。

派生語 available **形** 利用できる、入手できる

ひとこと → 2&3, 5&6

benefit from...
…から利益を得る

Investors expect to **benefit from** the newly agreed contract.
投資家らは新しく合意した契約によって利益を得ることを期待している。

派生語 benefit **名** 利益／**動** 利益を得る　beneficial **形** 有益な
類語 profit from... …から利益を得る

ひとこと → 5&6, 7

expire /ɪkspáɪɚ/
動 満期になる、終了する

The agreement will **expire** in two weeks, so negotiations have intensified.
契約があと2週間で失効するため、交渉が白熱してきた。

派生語 expiration **名** 満期、満了、期限切れ

ひとこと → 5&6

human resources department
人事部

A team in the **human resources department** does all staff training.
人事部のあるチームがすべての社員教育を行う。

類語 personnel department 人事部

ひとこと → 7

modest /mάdɪst/
形 適度の、まあまあの、控えめな

There has been a **modest** increase in profits over the last two quarters.
前2四半期に、適度な利益の増加が見られた。

類語 humble 控え目な、謙虚な

ひとこと → 5&6

interest rate 金利、利率

The decline of the **interest rates** caused a housing boom.
金利の低下が住宅ブームを引き起こした。

類語 lending 貸付、融資
　　　repayment 返済

ひとこと
→ 2&3,7

medication /mèdəkéɪʃən/ 名 医薬品

A new **medication** will be on the market next month.
来月、新薬が市場に出回る。

派生語 medicine 名 医薬品　　medical 形 医学の
類語 cure 治療、治療薬

refrain /rɪfréɪn/ 動 控える、やめる

Passengers were reminded to **refrain** from smoking during the flight.
乗客は飛行中の喫煙は控えるよう念を押された。

類語 keep from …ing …することを控える
　　　avoid …ing …することを避ける

ひとこと
refrain from の形で使われることが多い。
→ 5&6,7

bulletin board 掲示板

Please look at the **bulletin board** for any changes in schedule.
日程の変更については、掲示板を見てください。

ひとこと
bulletin が省略されて **board** だけで使われることが多い。
→ 7

merger /mə́ːdʒɚ/ 名 (会社の)合併

Investors were confident that the **merger** would strengthen the business.
投資家たちは合併が事業を強化すると確信していた。

派生語 merge 動 合併する、融合する

ひとこと
「買収」は acquisition。M&A は merger and acquisition のこと。
→ 7

125

exceed /ɪksíːd/
動 超える、まさる

We ask that workers do not **exceed** the overtime limit.
労働者には残業制限を超えないことを求める。

派生語 **exceedingly** 副 非常に
類語 **surpass** …に勝る

respond to...
…に応答する、…に答える

It took several days for negotiators to **respond to** the management's requests.
交渉人が経営者の要求に対応するのに数日かかった。

派生語 **response** 名 応答
類語 **react** 応答する **reply** 返答する

ひとこと → 7

innovative /ínəvèɪṭɪv/
形 革新的な、刷新的な

Trade show attendees praised the company for its **innovative** designs.
見本市の参加者はその会社の革新的なデザインを賞賛した。

派生語 **innovation** 名 革新
類語 **inventive** 独創的な

ひとこと → 5&6, 7

destination /dèstənéɪʃən/
名 目的地、行き先

All your baggage has been sent to your final **destination**.
あなたの手荷物はすべて、最終目的地に送られました。

類語 **terminal** 終点
    bound for... …行きの

up to...
最大…まで

At the special exhibition, **up to** 200 paintings will be shown and sold.
その特別展では最大200枚まで、絵画が展示販売される。

類語 **to a maximum of...** 最大…まで

ひとこと → 5&6, 7

post /póʊst/
動 掲示する、貼り出す

A notice was **posted** on the board for the kitchen staff.
掲示板に厨房スタッフに向けた通知が貼り出された。

ひとこと → 7

modify /mάdəfàɪ/
動 修正する、変更する

It will take several hours to **modify** the current setup.
現在の設定を修正するのに数時間はかかるだろう。

派生語 modification **名** 修正
類語 alter 変える

ひとこと → 5&6, 7

last /lǽst/
動 続く、持続する

The meeting is expected to **last** two or three hours.
会議は2、3時間続く見込みだ。

派生語 lasting **形** 長続きする
類語 keep up 持続する

ひとこと → 7

accommodate /əkάmədèɪt/
動 収容する、宿泊させる、適応させる

The largest hotel in our town **accommodates** 100 guests.
私たちの町で一番大きなホテルは100名の宿泊客を収容できる。

派生語 accommodation **名** 宿泊設備、収容設備

ひとこと 名詞のaccommodationも頻出する。 → 7

contribute /kəntríbjuːt/
動 貢献する、寄付する

The new facility will **contribute** greatly to improving logistics.
新しい施設は物流の改善に大いに貢献するだろう。

派生語 contribution **名** 貢献、寄付

ひとこと → 7

第3章 Part 4で出る単語はこれ！ 説明文問題の理解に必要な158語

127

inconvenience /ìnkənvíːnjəns/
名 不便、不自由

I apologize for any **inconvenience** that the delay may have caused.
遅れによりご不便をおかけしましたことをお詫び申し上げます。

派生語 **inconvenient** 形 不便な
類語 **trouble** 不便　反意語 **convenience** 便利

poll /póul/
名 世論調査、投票

It is important to take **polls** on a regular basis in different regions.
異なる地域で定期的に世論調査をすることは大切だ。

類語 **ballot** 投票
　　　vote 投票

launch /lɔ́ːntʃ/
名 発売開始、立ち上げ

The marketing team will meet again right after the **launch** of the product.
マーケティングチームは製品の発売開始後すぐに会合を再び開く。

派生語 **launch** 動 開始する、売り出す

ひとこと
ビジネス必須単語。
→ 5&6, 7

conscious /kánʃəs/
形 意識している、自覚している

Most residents were not **conscious** of how their lives would be affected.
生活にどれほど影響するか、ほとんどの住民は意識していなかった。

派生語 **consciousness** 名 意識

on behalf of ...
…を代表して、…の代わりに

Rachel Simms will be attending the meeting **on behalf of** the company.
レイチェル・シムズが会社を代表して会議に出席する。

ひとこと
→ 5&6, 7

vending machine
自動販売機、自動券売機

A new **vending machine** was installed in the cafeteria yesterday.
新しい自動販売機が昨日カフェテリアに設置された。

prospect /prάspekt/
名 予想、見通し、見込み

Prospects for the next quarter are not so good.
来四半期の見通しはそれほどよくない。

派生語 **prospective** 形 将来の、有望な
類語 **outlook** 見通し

dedication /dèdɪkéɪʃən/
名 献身、専念

The award was presented to Bob Bennett for his **dedication** to charity.
慈善事業への献身に対し、ボブ・ベネットに賞が贈られた。

派生語 **dedicate** 動 献身する、専念する
類語 **devotion** 献身

ひとこと →7

compromise /kάmprəmὰɪz/
動 妥協する、折り合う

The two parties **compromised** and negotiations made progress.
両者は歩み寄り、交渉が進展した。

派生語 **compromise** 名 妥協、歩み寄り
類語 **concede** 譲歩する

ひとこと →7

anticipate /æntísəpèɪt/
動 予想する、見越す

We do not **anticipate** any problems with the installation.
私たちはインストールに問題が生じることは予想していない。

派生語 **anticipation** 名 予期、期待 **anticipated** 形 予想された、予期された
類語 **expect** 予期する

ひとこと →7

129

be followed by ...
…が後に続く

Each presentation will **be followed by** a 10-minute discussion period.
各プレゼンテーションの後に 10 分間の討議時間が続く。

ひとこと
→ 5&6,7

accomplished /əkÁmplɪʃt/
形 熟達した、その道に秀でた

She is said to be the most **accomplished** graduate of the school.
彼女は学校で最も優秀な卒業生だと言われている。

派生語 accomplish 動 達成する　**accomplishment** 名 業績
類語 skillful 熟練した　proficient 熟達した

ひとこと
→ 5&6,7

warranty /wɔ́ːrənti/
名 保証、保証書

The **warranty** covers repairs on any part of your vehicle.
保証書はあなたの車のあらゆる部品の修理に適用されます。

派生語 warrant 動 保証する
類語 guaranty 保証契約

ひとこと
→ 5&6,7

decade /dékeɪd/
名 10 年間、10 年

It is estimated that it will take a **decade** to make a full recovery.
完全に回復するのに 10 年かかると予想されている。

ひとこと
→ 7

customize /kÁstəmaɪz/
動 注文に応じて作る

Engineers found a way to **customize** the design to make it easier to use.
技術者たちはより使い勝手がいいようにデザインを注文に合わせて変更する方法を見つけた。

派生語 customization 名 特注生産
類語 personalize 個人向けにする、カスタマイズする

ひとこと
→ 7

assemble /əsémbl/
動 組み立てる、集める

Production line 12 is where finished products are **assembled**.
12番の製造ラインは完成品が組み立てられるところだ。

派生語 assembly **名** 組み立て、組み立て品、集会
類 語 construct 組み立てる

prosperity /prɑspérəti/
名 繁栄、繁盛

The small town enjoyed **prosperity** after oil was found there.
石油が発見されてからその小さな町は繁栄を享受した。

派生語 prosperous **形** 繁栄している
prosper **動** 繁栄する

revenue /révən(j)ùː/
名 総収入、総収益

The company is planning to generate **revenue** with website advertising.
その会社はウェブサイト広告により総収入を上げることを計画している。

ひとこと tax revenue で「税収」という意味になる。
→ 5&6, 7

cordially /kɔ́ːdʒəli/
副 心から、真心をこめて

Employees are **cordially** invited to attend the December 22nd staff party.
従業員は12月22日の社内パーティーに謹んで招待されている。

派生語 cordial **形** 心のこもった
類 語 warmly 心から   heartily 心から

ひとこと → 7

upcoming /ʌ́pkʌ̀mɪŋ/
形 来るべき、近づきつつある、今度の

The staff seems to be very enthusiastic about the **upcoming** event.
職員は今度のイベントにとても乗り気になっているようだ。

類 語 forthcoming 来るべき   coming 来る

ひとこと パート1を除く全パートで使われる

autobiography /ɔ̀ːṭəbɑɪágrəfi/
名 自叙伝、自伝

He declined the publisher's request to write an **autobiography**.
彼は自伝を書くという出版社の要請を断った。

類語 biography 伝記

ひとこと → 7

patronage /pǽtrənɪdʒ/
名 愛顧、ひいき

The shop owner posted a sign thanking customers for their **patronage**.
その店の店主は顧客の愛顧に感謝する表示を張り出した。

類語 favor ひいき

ひとこと → 7

initiate /ɪníʃièɪt/
動 着手する、始める

It will take several weeks to **initiate** management's strategy.
経営者が考える戦略を開始するのに数週間かかるだろう。

派生語 initial 形 最初の
initiation 名 始動、入会式

publicity /pʌblísəṭi/
名 広報、広告、周知

Hosting the annual event was expensive but it was good **publicity**.
毎年恒例のイベントを主催するのは費用がかかったが、優れた宣伝になった。

派生語 public 形 公開の、周知の、国民の
類語 public relations 広報活動

ひとこと → 2&3, 7

sustain /səstéɪn/
動 持続させる、耐える

It will be difficult to **sustain** a higher growth rate for a long period.
長期間、さらに高い成長率を維持することは難しい。

派生語 sustainable 形 持続可能な
sustainability 名 持続可能性

ひとこと → 7

ingredient /ɪngríːdiənt/
名 (料理の) 材料、原料、成分

The **ingredients** for making this salad are all grown organically.
このサラダの材料はすべて有機栽培されたものだ。

ひとこと → 5&6,7

evacuate /ɪvǽkjuèɪt/
動 避難させる

People were **evacuated** from the building after the earthquake.
地震のあと、人々は建物から避難させられた。

派生語 **evacuation** 名 避難
類語 **move out** 立ち去る

enrollment /enróʊlmənt/
名 登録、加入

Enrollment for all summer courses will begin May 15th.
夏期講座の履修登録はすべて5月15日に始まる。

派生語 **enroll** 動 登録する

ひとこと → 5&6,7

verify /vérəfàɪ/
動 実証する、検証する

Your password has been **verified**; access to the data is now permitted.
パスワードが照合されました。データへのアクセスが可能となりました。

派生語 **verifiable** 形 検証できる　**verification** 名 検証
類語 **validate** 正当性を立証する

ひとこと → 5&6,7

file /fάɪl/
動 申請する、整理保管する

All insurance claims must be **filed** within 30 days of an incident.
保険金請求はすべて、事故から30日以内に申し立てなければならない。

派生語 **file** 名 書類綴じ、ファイル

ひとこと **file** に「申請する」という意味があることを知らない人が多い。 → 7

legislation /lèdʒɪsléɪʃən/
名 法律、立法

Legislation is needed to ensure that companies pay workers fairly.
企業が間違いなく公正な給与を従業員に支払うようにするには法律が必要だ。

派生語 **legislator** 名 立法者

authority /əθɔ́ːrəti/
名 権威者、権威

John Martin is a leading **authority** on retail marketing.
ジョン・マーティンは小売マーケティング研究の第一人者だ。

派生語 **authoritative** 形 権威のある　**authorize** 動 権限を与える、認可する
類語 **power** 権力者

ひとこと → 7

第4章

Part5 & 6で出る単語はこれ！

短文&長文穴埋め問題に頻出する311語

→ Track 63-94

as soon as... …するとすぐに

I can help you **as soon as** I finish typing the meeting minutes.
議事録を打ち終えたらすぐに手伝えるよ。

類語 right after... …の／する直後に
before long ほどなく

ひとこと 頻出。接続詞の働きをするので後ろには節が続く。
パート1を除く全パートで使われる

complete /kəmplíːt/ 形 全部の、完成した

The museum has the **complete** collection of Adam Ingram's works.
その美術館はアダム・イングラムの全作品を収蔵している。

派生語 complete 動 完成する、完了する
completion 名 完成

ひとこと 形容詞は品詞問題として出題され、動詞は問題文中に多用される。
パート1を除く全パートで使われる

be interested in... …に興味がある

He mentioned that he **was interested in** making a career change.
彼は転職することに興味があると言っていた。

類語 be curious about... …に好奇心がある

ひとこと パート1を除く全パートで使われる

in order to... …するために

A new counter was opened **in order to** decrease waiting time.
待ち時間を短縮するために、新しい窓口が開かれた。

類語 so that... …であるように

ひとこと →4,7

nearly /níərli/ 副 ほとんど、ほぼ

The company increased pretax profits by **nearly** 20 percent.
その会社の税引前利益は、ほぼ20％増加した。

派生語 near 形 近い
類語 close to... …に近い

ひとこと 適切な意味の副詞を選ぶ問題として出題される。
パート1を除く全パートで使われる

directly /dəréktli/
副 直接に、じかに

We instructed staff to go home **directly** before the storm hit the city.
嵐が街を直撃する前にまっすぐ家に帰るよう、私たちは従業員に指示した。

派生語 direct **形** 直接の、率直な／**動** 指示する、案内する
類語 straight じかに

ひとこと パート1を除く全パートで使われる

consider /kənsídɚ/
動 よく考える、検討する

We need to **consider** new ways of solving the problem.
その問題を解決する新しい方法を検討する必要がある。

派生語 consideration **名** 熟考
類語 contemplate 熟考する

ひとこと considerに続く動名詞を問う問題も出題される。
パート1を除く全パートで使われる

review /rɪvjúː/
動 見直す、検討する

We **review** the contract completely before signing it.
我々は署名する前に契約書を徹底的に再点検する。

派生語 review **名** 再検討、論評
類語 probe 精査する

ひとこと 動詞、名詞ともに出題される。
パート1を除く全パートで使われる

proposal /prəpóʊzl/
名 提案、計画

The **proposal** will be reviewed at the next budgetary meeting.
その提案は次の予算会議で再検討される。

派生語 propose **動** 提案する

ひとこと パート1を除く全パートで使われる

summary /sʌ́m(ə)ri/
名 要約、概略

He wrote the **summary** of the main points for his presentation.
彼は自分の発表の主な論点の要約を書き記した。

派生語 summarize **動** 要約する
類語 sum-up 要約　overview 概要

137

a series of...
一連の…、ひと続きの…

A series of workshops will be held from Tuesday to Friday of next week.
来週の火曜日から金曜日まで、一連のワークショップが開かれる。

類語 **an array of...** 数々の…
a sequence of... 一連の…

ひとこと
パート1を除く全パートで使われる

prepare /prɪpéɚ/
動 準備する、用意する

Students usually **prepare** for the entrance exam for several months.
生徒たちは通常数ヵ月かけて入試の準備をする。

派生語 **preparation** 名 準備
類語 **get ready** 準備する

ひとこと
パート1を除く全パートで使われる

automatically /ɔ̀:ṭəmǽṭɪkəli/
副 自動的に、無意識に

The monthly rent is deducted **automatically** from your account.
毎月の家賃はあなたの口座から自動的に引き落とされます。

派生語 **automatic** 形 自動的な
類語 **manually** 手動で

ひとこと
適切な意味の副詞を選ぶ問題で出題される。
→ 7

surprisingly /sɚpráɪzɪŋli/
副 驚くほどに、意外に

Installation of the software was **surprisingly** easy.
そのソフトウェアのインストールは驚くほど簡単だった。

派生語 **surprise** 名 驚き／動 驚かす　**surprising** 形 驚くような
類語 **amazingly** 驚くほどに

ひとこと
適切な意味の副詞を選ぶ問題で出題される。
→ 2&3,4

widely /wáɪdli/
副 広く、広範囲にわたって

The research center is **widely** known for its contribution to robotics.
その研究センターはロボット工学における功績で幅広く知れ渡っている。

派生語 **wide** 形 広い
類語 **extensively** 広範囲にわたって　**broadly** 広く

ひとこと
パート1を除く全パートで使われる

138

matter /mǽtɚ/
名 問題、事柄

The **matter** is on the agenda for discussion at the next board meeting.
その問題は次の役員会議で協議される議題に含まれている。

ひとこと
→ 2&3, 7

disappointing /dìsəpɔ́ɪntɪŋ/
形 失望させるような、期待はずれの

The first quarter sales are **disappointing** due to a declining economy.
低迷する景気のせいで、第1四半期の売上は期待はずれだ。

派生語 **disappoint** 動 がっかりさせる、期待を裏切る　**disappointed**
形 がっかりした、失望した　類語 **discouraging** 落胆させるような

ひとこと
パート1を除く全パートで使われる

confidential /kɑ̀nfədénʃəl/
形 機密の、内密の

All **confidential** documents are filed in the basement of this building.
機密書類はすべてこの建物の地下に保管されている。

類語 **classified** 機密扱いの
　　　sensitive 機密に属する

ひとこと
→ 2&3, 7

fasten /fǽsn/
動 すっかり固定する、留める

Be sure to **fasten** your seatbelt tightly around your waist.
シートベルトは必ず腰の回りでしっかりとお締めください。

派生語 **fastener** 名 ファスナー
類語 **tighten** 締める

be satisfied with...
…に満足している

The client **was satisfied with** how quickly the issue was solved.
その顧客は問題がすばやく解決したことに満足した。

類語 **be happy with...** …に満足している
　　　be contended with... …に満足している

ひとこと
パート1を除く全パートで使われる

139

according to …
…によれば、…に従って

According to the weather forecast, it is likely to rain tomorrow.
天気予報によると、明日は雨が降るもようだ。

類語 **as stated in…** …に書かれているように

ひとこと
パート1を除く全パートで使われる

be likely to …
…しそうだ

The deal **is likely to** be approved at the next board meeting.
その取引は次の役員会で承認されそうだ。

類語 **be probable that…** …ということがありうる
presumably おそらく

ひとこと
→7

instead of …
…の代わりに

Commuters had to use subways **instead of** buses because of the parade.
パレードのため、通勤客はバスの代わりに地下鉄を使わなければならなかった。

類語 **in place of…** …の代わりに

completely /kəmplíːtli/
副 完全に、徹底的に

The files were **completely** deleted from the computer.
ファイルはコンピューターから完全に削除された。

類語 **thoroughly** まったく、完全に
perfectly 完全に

ひとこと
パート1を除く全パートで使われる

140

be based on...
…に基づいている

The best-selling biography **is based on** the life of Manuel Gomez.
最もよく売れている伝記はマニュエル・ゴメスの一生に基づいている。

focus on...
…に焦点を合わせる、…に集中する

The companies have been successful because they **focus on** good service.
その企業は良いサービスの提供に重点を置いているので成功している。

類語 concentrate on... …に集中する
aim at... …にねらいを定める

ひとこと →7

A as well as B
Bと同様にAも

Meeting rooms **as well as** the main auditorium will be renovated.
講堂と同様に会議室も改修される。

類語 in addition to... …に加えて

brand /brǽnd/
名 銘柄、商標、ブランド

The survey revealed that consumers were not very loyal to the **brand**.
調査により、消費者はそれほどそのブランドに忠実でないことが判明した。

類語 brand-name goods ブランド品

ひとこと マーケティング必須単語。 →7

close to...
…に近い、…の近くに

The factory is located **close to** the port and has good access everywhere.
その工場は港の近くに位置し、どこにでも行きやすい。

類語 adjacent to... …に隣接して
at hand 手近に

ひとこと →7

第4章 Part 5&6で出る単語はこれ！ 短文&長文穴埋め問題に頻出する311語

conveniently /kənvíːnjəntli/
副 便利に、好都合に

The lounge is **conveniently** located on the same floor as your room.
ラウンジは便利なことにあなたの部屋と同じ階にあります。

派生語 convenient 形 便利な　convenience 名 便利さ
類語 handily 便利に

> **ひとこと**
> 適切な意味の副詞を選ぶ問題として出題される。パート1を除く全パートで使われる

recently /ríːsntli/
副 つい最近、近ごろ

Linda Marshal was **recently** promoted to Human Resources manager.
リンダ・マーシャルは最近人事部長に昇格した。

派生語 recent 形 最近の
類語 lately 最近

> **ひとこと**
> 適切な意味の副詞を選ぶ問題として出題される。
> パート1を除く全パートで使われる

formally /fɔ́ːrməli/
副 正式に、公式に

Results will be **formally** announced at the next meeting.
結果は次回の会合で正式に発表される。

派生語 formal 形 正式な
類語 officially 正式に

> **ひとこと**
> 適切な意味の副詞を選ぶ問題として出題される。
> →4, 7

result in ...
…に終わる

Late payment will **result in** a fine of up to 100 dollars.
支払遅延は100ドル以下の罰金に処せられる結果となる。

類語 end up ... 最終的に…となる

> **ひとこと**
> →7

result from ...
…に起因する

The decrease in price **resulted from** newly discovered energy sources.
値下げは新たに発見されたエネルギー源に起因した。

類語 derive 由来する

142

security guard 警備員、ガードマン

The **security guard** checks each pass as people enter the building.
警備員は人が建物に入るときにそれぞれの通行証をチェックする。
類語 security officer 警備員

sales representative 営業マン、販売員

We are conducting interviews to find skilled **sales representatives**.
我々は熟達した販売員を見つけるために面接を行っている。
類語 sales clerk 店員

ひとこと ビジネス必須英語。パート1を除く全パートで使われる

permission /pɚmíʃən/ 名 許可、承諾

The manager gave me **permission** to have a long summer vacation.
部長は私に長期夏季休暇を取る許可を与えた。
類語 consent 同意

ひとこと **without permission** という表現を問う問題としても出題される。パート1を除く全パートで使われる

not only A but also B Aだけでなく Bも

Staff receive **not only** a base salary **but also** performance bonuses.
従業員は基本給だけでなく、業績賞与も受け取る。

ひとこと →4, 7

serial number 製造番号、通し番号

The 16-digit **serial number** is located on the back of the device.
16桁のシリアルナンバーは機器の裏側に記されている。

limited /límɪtɪd/
形 限られた、有限の

Production was slowed down because of a **limited** supply of materials.
原料の供給が限られていたため、生産の速度が落ちた。

派生語 **limit** 動 制限する、限定する　**limitation** 名 制限、限定
類語 **restricted** 制限された

ひとこと：パート1を除く全パートで使われる

in addition to ...
…に加えて

In addition to our retail outlets, online sales options are available.
小売販路に加え、インターネットによる販売も行っている。

類語 **besides** 加えて
... as well …も

ひとこと　→4,7

guarantee /gærəntíː/
動 保証する、約束する

The retailer does not **guarantee** the day of delivery.
その小売店は配達日を保証しない。

派生語 **guarantee** 名 保証
guarantor 名 保証人

ひとこと：パート1を除く全パートで使われる

rather than ...
…よりはむしろ

We decided to attend today's workshop **rather than** tomorrow's.
私たちは明日のワークショップよりむしろ、今日のワークショップに参加することに決めた。

類語 **alternately** 代わりに

ひとこと　→2&3

essential /esénʃəl/
形 不可欠の、きわめて重要な

It is **essential** that you disinfect your hands before entering the room.
入室する前に手を消毒することは不可欠である。

類語 **indispensable** 不可欠の
integral 不可欠の

allow /əláʊ/

動 許す、認める、許可する

The company often **allows** employees to take computers home.
会社は従業員がコンピューターを家に持ち帰るのをしばしば許可している。

派生語 allowance **名** 許容、手当て
類語 enable A to... Aが…することを可能にする

ひとこと allow A to B の形で出題されることが多い。
➡ 2&3, 7

colleague /kɑ́liːg/

名 同僚、仲間

My **colleague** will be transferred to the Chicago office next month.
私の同僚は来月シカゴ事務所に異動する。

類語 associate 同僚
coworker 同僚

ひとこと リスニングセクションでは同じ意味の coworker が使われている。
➡ 2&3, 7

available /əvéɪləbl/

形 利用できる、入手できる、得られる

An official statement will be made after all data becomes **available**.
データがすべて利用できるようになったら、公式声明が発表される。

派生語 availability **名** 利用できること、入手可能性
類語 at one's disposal …が自由に使える

ひとこと 語彙問題としても品詞問題としても出題される。パート1を除く全パートで使われる

regarding /rɪgɑ́ɚdɪŋ/

前 …に関して、…について

The memo **regarding** the next meeting was sent to the staff.
次の会議に関する通知が従業員に送られた。

派生語 regard **動** 見なす
類語 concerning …に関して

ひとこと concerning も出題される。
➡ 7

nearby /nìɚbáɪ/

副 近くの、近くで

Photocopies can be made at one of the convenience stores **nearby**.
近所のコンビニエンスストアでコピーできる。

派生語 nearby **前** …の近くに
類語 neighboring 隣りの

ひとこと
➡ 7

145

recover /rɪkʌ́vɚ/
動 取り戻す、回復する

Leading magazines forecast that Japan's economy will **recover** from the recession.
日本経済は不況から回復しそうだと有力雑誌は予測している。

派生語 recovery **名** 回復
類語 overcome 克服する　regain 回復する

ひとこと recover loss「損失を取り戻す」が問われることもある。
→ 4,7

shortly /ʃɔ́ɚtli/
副 すぐに、まもなく、手短に

A press conference will be held **shortly** in the media room.
まもなく記者会見がメディア室で開かれる。

類語 quickly すぐに
soon すぐに

ひとこと 適切な意味の副詞を選ぶ問題として出題される。
→ 2&3

immediately /ɪmíːdiətli/
副 直ちに、すぐに

If a problem is found it should be reported **immediately**.
問題が見つかったら、直ちに報告すべきである。

派生語 immediate **形** 今すぐの、即刻の

ひとこと immediately after「…の直後に」を問う問題も出題される。
パート1を除く全パートで使われる

additional /ədíʃ(ə)nəl/
形 追加の、付加的な

Additional copies of seminar handouts may be purchased at reception.
セミナー資料の追加は受付で購入できる。

派生語 add **動** 追加する、足す　additionally **副** さらに、追加として
類語 supplementary 追加の

ひとこと パート1を除く全パートで使われる

additionally /ədíʃ(ə)nəli/
副 さらに、その上、追加として

Additionally, you will be required to pay a 300 dollar deposit.
さらに、300ドルの手付金を支払うことが求められる。

派生語 add **動** 追加する、足す　additional **形** 追加の
類語 furthermore さらに　likewise その上

ひとこと → 4,7

function /fʌ́ŋ(k)ʃən/
名 機能、働き

The latest **function** has made the mobile phone popular among seniors.
最新の機能によってその携帯電話は高齢者の間で人気が出た。
派生語 **function** 動 機能する　**functional** 形 機能的な
ひとこと ➡ 7

apology /əpɑ́lədʒi/
名 おわび、謝罪

The concert organizers extended their **apologies** for the sudden cancellation.
コンサートの主催者は突然のキャンセルに対し謝罪した。
派生語 **apologize** 動 謝罪する　**apologetically** 副 申し訳なさそうに　類語 **excuse** 言い訳
ひとこと **apology** は show, express, extend などの動詞を伴って使うことが多い。 ➡ 4,7

without notice
事前通知なしで、予告なしに

A penalty is imposed if your company terminates the contract **without notice**.
あなたの会社が通知なしに契約を終了した場合、罰則が科せられる。
類語 **without warning** 警告なしに
　　 without prior notice 事前の通告なしに

regardless of...
…にかかわらず、…を無視して

The annual company event will be held **regardless of** the weather.
天候のいかんにかかわらず、毎年恒例の会社のイベントは開催される。
類語 **notwithstanding** にもかからわず

intend to...
…するつもりだ、…する意向がある

Our company **intends to** find ways to make clean energy more affordable.
わが社はクリーンエネルギーをより求めやすくする方法を見出すつもりである。
派生語 **intention** 名 目的、意図
類語 **aim to...** …することを目標としている
ひとこと ➡ 7

147

further /fˈɚːðɚ/
副 それ以上に、さらに、いっそう

For **further** information on this issue, please visit our website.
本件に関する詳しい情報は、当社のウェブサイトをご覧ください。

ひとこと
→4,7

take effect
効力を生じる、実施になる

The new law will **take effect** on April 1st of next year.
新法は来年4月1日に施行される。

類語 function 機能する
execute 実行する

agreeable /əgríːəbl/
形 同意できる、合意できる、ふさわしい

The new company policies were **agreeable** to the labor union.
会社の新しい方針は労働組合が合意できるものだった。

派生語 agree 動 同意する
agreement 名 同意

ひとこと
語彙問題としても品詞問題としても出題される

make improvements
改善する、改良する

Demand will increase if manufacturers **make improvements** to designs.
製造者がデザインを改善すれば需要は増えるだろう。

ひとこと
品詞問題で **improvements** が問われる場合と、適切な意味の動詞で **make** が問われる場合の両方がある

take steps
手段を講じる、方策を講じる

We need to **take steps** to improve the health and safety of our workers.
従業員の健康と安全を向上させるために対策を講じる必要がある。

類語 take measures 手段を講じる

submit /səbmít/
動 提出する

You must **submit** your proposal before the end of the month.
月末までに企画案を提出しなければいけない。

派生語 submission 名 提出
類語 turn in... ...を提出する

> ひとこと
> パート1を除く全パートで使われる

---

be responsible for...
...に対して責任がある、...を担当している

The customer service section **is responsible for** dealing with complaints.
顧客サービス課は苦情処理を担当している。

> ひとこと
> パート1を除く全パートで使われる

---

proudly /práʊdli/
副 誇らしげに、得意げに

The company **proudly** announced the release of the new product.
その会社は自信を持って、新製品の発売を発表した。

派生語 proud 形 誇りに思う

> ひとこと
> **proudly announce** は新製品や新サービス開始の発表でよく使われる

---

unique /juːníːk/
形 独特の、特有の、類のない

The food product is **unique** because all its ingredients are organic.
その食品は材料がすべて有機栽培のため、独特である。

派生語 uniqueness 名 独特さ
類語 unparalleled 比類するものがない

> ひとこと
> ➡ 2&3, 7

---

match /mǽtʃ/
動 合わせる、調和させる

We will **match** the competitor's price as much as possible.
私どもはできるだけライバル会社の価格に合わせます。

類語 correspond with... ...に合う
　　　 fit 合う

face /féɪs/
動 直面する

Companies must **face** problems related to a decreasing population.
企業は人口減少に関連する問題に直面しなければならない。
類語 confront （問題などに）直面する

ひとこと
→ 4, 7

regard A as B
AをBと見なす

People **regard** him **as** one of the most renowned economists.
彼は最も高名な経済学者のひとりと見なされている。
類語 consider A B AをBと思う
view A as B AをBだと見なす

ひとこと
A is regarded as Bと、受動態で出題されることが多い

in place of ...
…の代わりに

The manager will speak at the meeting **in place of** the president.
会議では社長の代わりに部長が話をする。
類語 alternately 代わりに

release /rɪlíːs/
名 発売、公表

The **release** of the software was postponed due to a delay in production.
ソフトウェアの発売は生産の遅れにより延期された。
派生語 release 動 発売する、公表する
on the market 販売されていて

ひとこと
名詞、動詞ともに出題される。パート1を除く全パートで使われる

in progress
進行中で

People are not allowed to enter while a presentation is **in progress**.
プレゼンテーションが進行中のときは、入場が禁じられている。

類語 **ongoing** 進行中の

following /fάlouɪŋ/
前 …のあとに、…に続いて

A reception will be held **following** the professor's talk.
教授の話に続いて歓迎会が催される。

派生語 **following** 形 次の、次に来る　**follow** 動 あとに続く
類語 **coming** 来る

ひとこと → 4,7

formerly /fɔ́ɚ-mɚ-li/
副 以前は、かつて

Meetings were **formerly** held at the Midtown Conference Center.
会議は以前、ミッドタウン会議場で開催された。

派生語 **former** 形 前の
類語 **in the past** 過去に

ひとこと 適切な意味の副詞を選ぶ問題として出題される。→ 4,7

thereby /ðèɚ-báɪ/
副 それによって、その結果

The highway was built, **thereby** making access much more convenient.
高速道路が建設され、それにより交通の便が格段によくなった。

類語 **consequently** その結果

ひとこと 適切な意味の副詞を選ぶ問題として出題される

fairly /féɚ-li/
副 かなり、相当に、すっかり

The decision to open a shopping center was announced **fairly** recently.
ショッピングセンターを開店する決定は、つい最近発表された。

派生語 **fair** 形 公正な、快晴の
類語 **somewhat** いくぶん

ひとこと 適切な意味の副詞を選ぶ問題として出題される。→ 2&3

第4章 Part5&6で出る単語はこれ！ 短文&長文穴埋め問題に頻出する311語

in exchange for...
…の代わりに、…と交換に

In exchange for answering the survey, you will receive a complimentary coupon.
アンケートに回答していただくのと引き換えに、無料クーポンをお受け取りになれます。

place an order
注文する、発注する

You can **place an order** online or by calling customer service.
インターネットからでも顧客サービスへ電話することでも注文できます。

類語 ▶ **put in an order** 注文する
receive an order 注文品を受け取る

ひとこと
パート1を除く全パートで使われる

one another
お互い

A group's performance is better if members challenge **one another**.
チームの業績はメンバーがお互いに挑戦し合ったほうが良くなる。

類語 ▶ **each other** お互い

detailed /díːteɪld/
形 詳細な

Detailed information about the proposal will be mailed out tomorrow.
企画案の詳しい情報は明日、郵便で発送される。

派生語 **detail** 名 詳細
類語 ▶ **specific** 具体的な

ひとこと
パート1を除く全パートで使われる

terms /tə́ːmz/
名 (契約)条件

Page three of the document outlines the **terms** of the agreement.
書類の3ページ目には契約条件が概説されている。

類語 ▶ **conditions** 契約条件

ひとこと
→ 7

152

terminate /tə́ːmənèɪt/
動 終わらせる、終結させる

The company has decided to **terminate** its contract with Bowes Industries.
会社は、ボーズ工業との契約を終了することを決定した。

派生語 termination 名 終了　terminal 形 末期的な、最終的な
類語 cease 終える

ひとこと →7

take measures
手段を講じる

The company will **take measures** to improve efficiency.
会社は効率性を改善する手段を講じる。

類語 take steps 方策を講じる

ひとこと →7

rapid /ræpɪd/
形 速い、急な

The policy was designed to promote the **rapid** recovery of the economy.
経済の急速な回復を促進するためにその政策は立案された。

派生語 rapidly 副 急速に
類語 prompt 迅速な　swift 速い

probability /prɑ̀bəbíləti/
名 見込み、公算

There is a high **probability** that some people will be delayed.
何人か遅れる可能性が高い。

派生語 probable 形 ありそうな
類語 likelihood 確率　feasibility 実行可能性

concerning /kənsə́ːnɪŋ/
前 …に関して、…について

We will be happy to answer any questions **concerning** policy changes.
方針の転換に関するご質問は何でも喜んでお答えいたします。

類語 regarding …に関して
　　　 with regard to… …について

ひとこと
regarding「…に関して」も出題される。
→7

survey /sə́:veɪ/
名 調査、検査

The results of **survey** are being analyzed at the moment.
調査の結果は目下分析中である。

> ひとこと
> パート1を除く全パートで使われる。
> **conduct a survey** の形で使われることが多い

donate /dóʊneɪt/
動 寄付する、贈与する

People were encouraged to **donate** food and clothing to the shelter.
人々はシェルターに食糧と洋服を寄付することを勧められた。

派生語 **donation** 名 寄付、贈与
類語 **contribute** 寄付する

make a contribution
貢献する

Each member was asked to **make a contribution** to the charity.
各メンバーは慈善事業に貢献するように頼まれた。

> ひとこと
> →4, 7

subscriber /səbskráɪbər/
名 予約購読者、(電話などの)加入者

Each new **subscriber** will have two month's free subscription.
新規の購読者はそれぞれ2ヵ月間の無料購読ができます。

派生語 **subscribe** 動 予約購読する　**subscription** 名 予約購読
類語 **reader** 読者

> ひとこと
> →7

throughout /θruːáʊt/
前 …の間中、…を通じて

The phones kept ringing **throughout** the day after her TV appearance.
彼女のテレビ出演後は一日中電話が鳴りっぱなしだった。

類語 **all over…** …の範囲すべてに

> ひとこと
> **throughout the day** の形が問われることが多い。
> →7

residential /rèzədénʃəl/
形 居住の、住宅の

The factory site was turned into a **residential** area.
その工場用地は住宅地に変わった。

派生語 **reside** 動 居住する　**residence** 名 住まい
residential 形 居住の

ひとこと 名詞、形容詞ともに出題される。
→ 4, 7

surrounding /səráʊndɪŋ/
形 周囲の、付近の

Donations were sent to Harrisville and the **surrounding** areas.
寄付金はハリスビルとその周辺地域に送られた。

派生語 **surrounding** 名 周囲、環境
類語 **neighboring** 付近の

ひとこと **surrounding area** での出題が多い。
→ 1, 4, 7

restore /rɪstɔ́ːr/
動 回復する、元に戻す

It will take several days to **restore** power to the region.
その地域に電力が回復するにはあと数日かかる。

類語 **reconstruct** 再建する

ひとこと → 4, 7

organized /ɔ́ːrɡənàɪzd/
形 有能な、きちんと仕事をこなせる

She was the most **organized** person, so she was promoted to lead the team.
彼女が最も有能だったので、チームリーダーに昇進した。

類語 **competent** 有能な
　　　efficient 有能な

ひとこと → 7

commitment /kəmítmənt/
名 関わり合い、献身、約束

The company's **commitment** to charity was highly regarded among the citizens.
会社の慈善事業への深い関わりは市民の間で高く評価された。

派生語 **commit** 動 約束する

ひとこと **commitment to** という表現の **to** が問われることもある。
→ 4, 7

dedicated to ...

…にささげられる、…のためにつくす

We are **dedicated to** providing customers with the best products.
私どもはお客様に最高の製品を供給することに専心しております。

類語 committed to ... …に専心する
devoted to ... …に献身的な

ひとこと →4,7

grant /grǽnt/

動 与える、認める

Publishers often **grant** permission to use passages from books.
出版社はしばしば本から文章を引用する許可を与える。

派生語 grant 名 助成金

ひとこと →4,7

secure /sɪkjʊ́ɚ/

動 確保する、手に入れる

After a round of interviews, he **secured** a job from a prestigious bank.
一連の面接の後、彼は一流銀行の仕事を確実なものにした。

派生語 secure 形 確実な、不安のない
security 名 安全、安心

ひとこと →4,7

set aside

取りのけておく、取っておく

Funds will be **set aside** from next year's budget to purchase new equipment.
新しい機器を購入するための資金は来年度予算から確保しておく。

類語 put aside 脇に置いておく

valuable /vǽljuəbl/

形 価値の高い、貴重な

The manager thanked the team for its **valuable** contributions.
マネージャーは価値ある貢献をしたチームに感謝した。

派生語 value 名 価値／動 評価する
類語 priceless 非常に貴重な invaluable はかり知れないほど貴重な

ひとこと パート1を除く全パートで使われる

156

valued /vǽljud/
形 評価された、貴重な

Colleen Stevens has been a **valued** employee for almost 20 years.
コリーン・スティーブンスは20年近く重要な従業員であり続けている。

類語 **treasured** 貴重な

ひとこと →4, 7

be associated with...
…と関係がある、…と関連する

Smoking **is associated with** several health problems and diseases.
喫煙は数種の健康障害と疾患に関連付けられている。

類語 **be related to...** …に関連している

ひとこと →7

only if...
…の場合に限り

The performance bonus is paid **only if** you hit your targets.
業績賞与は目標に達した場合にのみ支払われる。

類語 **only when...** …する場合に限り

reputation /rèpjʊtéɪʃən/
名 評判、世評

The company has a good **reputation** for completing projects on schedule.
その会社は予定通りにプロジェクトを完了させることで評判が良い。

派生語 **reputed** 形 評判の良い
類語 **fame** 名声　**credit** 評判

ひとこと →4, 7

impressive /ɪmprésɪv/
形 感動的な、印象的な

All of the presentations made at the event were **impressive**.
イベントで行われたプレゼンテーションは皆、印象的であった。

派生語 **impress** 動 感銘を与える
　　　 impression 名 印象

157

memorable /mém(ə)rəbl/
形 記憶すべき、忘れられない

Organizers were praised for carrying out such a **memorable** event.
主催者はそれほど記憶に残るイベントを開催したことで称賛を浴びた。

派生語 memorize 動 記憶する　memory 名 記憶
類語 unforgettable 忘れられない

ひとこと →4, 7

expense /ɪkspéns/
名 経費、出費

Here is a list of monthly **expenses** you can easily cut down on.
これはあなたが容易に削減できる月間経費のリストです。

ひとこと operating expense「営業経費」としても出題される。
→4, 7

requirement /rɪkwáɪɚmənt/
名 必要条件、必要、要求

Having previous experience is not a **requirement** for this position.
この仕事には以前の経験は要求されない。

派生語 require 動 要求する
類語 prerequisite 必要条件

ひとこと 求人広告でも頻出する。
パート1を除く全パートで使われる

effective /ɪféktɪv/
形 効果的な、有効な

A more **effective** strategy was introduced at yesterday's meeting.
昨日の会議でより効果的な戦略が紹介された。

派生語 effect 名 効果
類語 practical 実用的な　valid 有効な

ひとこと パート1を除く全パートで使われる

moreover /mɔːróʊvɚ/
副 その上、さらに

Cotton is warm; **moreover**, it is durable enough for everyday usage.
綿は暖かい。さらに、毎日の使用に十分耐えられる。

類語 furthermore さらに
　　　　besides さらに

altogether /ɔːltəgéðɚ/
副 全部で、総計で

Altogether, the items cost just under 300 dollars including tax.
商品は全部で、税込300ドルに満たない。

類語 as a whole 全体として
in all 全部で

ひとこと 文頭でも文末でも使われ、どちらも出題される。 →7

combined /kəmbáɪnd/
形 結合した、協力した

Combined efforts among the managers resulted in a sales increase.
部長間の一致協力が売上増加をもたらした。

派生語 combination **名** 組み合わせ　combine **動** 組み合わせる
類語 united 結合した　cooperative 協力的な

ひとこと combined effort「協力」で出題されることが多い

various /véəriəs/
形 さまざまな、いろいろな

The exhibit includes **various** paintings and sketches.
その展覧会にはさまざまな絵画とスケッチが含まれている。

派生語 vary **動** 変わる、変化する　variety **名** 多様さ、種類
類語 diversified 多様な

ひとこと →7

administration /ədmìnəstréɪʃən/
名 (業務などの)管理、運営

Human resources department handles the **administration** of interviews.
面接の運営は人事部が行う。

類語 governance 管理
supervision 管理、監督

ひとこと →7

therefore /ðéɚfɔɚ/
副 それゆえに、したがって、その結果

There was a delay in delivery; **therefore** we have had numerous complaints.
配達に遅れが出た。その結果、私たちは大量の苦情を受けた。

類語 hence したがって　thus したがって

159

candidate /kǽndɪdèɪt/
名 候補者、志願者

Candidates will be notified of the change by email early next month.
候補者には来月上旬、電子メールで変更を知らせます。
類語 **nominee** 指名された人

ひとこと →2&3,4

recruit /rɪkrúːt/
名 新入社員、新会員

Each **recruit** is given a training package on the first day.
各新入社員は初日に研修資料のセットが与えられる。
派生語 **recruit** 動 募集する　**recruiter** 名 （人を）募集する人、スカウトする人　類語 **trainee** 研修生

ひとこと recruitに「新入社員」の意味があるのを知らない人が多い

suitable /súːṭəbl/
形 適した、ふさわしい

The proposed location was not **suitable** for the hospital for several reasons.
提案された立地はいくつかの理由で病院にはふさわしくなかった。
派生語 **suit** 動 適合する、似合う

ひとこと →7

enlarge /ɪnlɑ́ːrdʒ/
動 拡大する、大きくする

You can **enlarge** images simply by pressing the blue button.
青いボタンを押すだけで画像を拡大できる。
派生語 **enlargement** 名 拡大
類語 **broaden** 広げる

attached /ətǽtʃt/
形 添付の、付属の

A list of candidates can be found in the **attached** document.
候補者のリストは添付の書類にあります。
派生語 **attach** 動 添付する
attachment 名 添付書類

ひとこと →7

enclosed /ɪnklóʊzd/
形 同封された

The **enclosed** brochure lists both products and prices.
同封されたパンフレットには製品と価格の一覧が記載されています。

派生語 **enclose** 動 同封する　**enclosure** 名 同封物、囲い
類語 **included** 同梱の

ひとこと →4, 7

promptly /prɑ́m(p)tli/
副 すばやく、即座に

There is a three percent discount if the bill is paid **promptly**.
すぐに請求額を支払うと3％の割引がある。

派生語 **prompt** 形 迅速な、即座の
類語 **instantly** すぐに　**swiftly** 素早く

ひとこと 適切な意味の副詞を選ぶ問題としても、品詞問題としても出題される。パート1を除く全パートで使われる

briefly /bríːfli/
副 簡潔に、手短に

Trains were delayed **briefly** due to a storm that passed through.
通過する嵐のために電車がしばらくの間遅れた。

派生語 **brief** 形 簡潔な

ひとこと 適切な意味の副詞を選ぶ問題として出題される。
→4, 7

adopt /ədɑ́pt/
動 (意見、方針を)採用する

It is necessary to **adopt** a competitive strategy as soon as possible.
できるだけ早く競争力のある戦略を導入する必要がある。

派生語 **adoption** 名 採用
類語 **embrace** 受け入れる　**take up** 受け入れる

property /prɑ́pəti/
名 不動産、財産、資産

It is located on private **property**, so only authorized personnel may enter.
それは私有地にあるため、許可を得た職員だけが入ることができる。

類語 **realty** 不動産
　　 estate 地所

ひとこと →4, 7

tool /túːl/
名 手段、道具

Online training is seen as an effective **tool** to maintain staff skill levels.
インターネット研修は従業員の技能水準を維持するのに効果的な手段と考えられている。

ひとこと: 「手段」の意味を問う問題として出題される

---

extend /ɪksténd/
動 延ばす、延長する、拡張する

She **extended** her stay to meet a new client in Denver.
彼女はデンバーにいる新しい顧客に会うために滞在を延ばした。

派生語 extension **名** 延長、内線
類語 lengthen 伸ばす

ひとこと: 名詞の extension はリスニングセクションで多用される。
→ 4, 7

---

expand /ɪkspǽnd/
動 広げる、拡大する

Green Growers Market decided to **expand** its business nationally.
グリーン・グローワーズ・マーケットは全国に事業を拡大することを決めた。

派生語 expansion **名** 拡張
類語 widen 幅を広げる

ひとこと: パート1を除く全パートで使われる

---

extensive /ɪksténsɪv/
形 広範囲にわたる、大規模な

Extensive research is being done in the area of heart disease.
心臓疾患の分野では広範な研究が行われている。

派生語 extensively **副** 広範囲にわたって

ひとこと: 語彙問題としても品詞問題としても出題される。
パート1を除く全パートで使われる

---

voluntary /vάləntèri/
形 自発的な、任意の

Participation in the event is **voluntary** for the employees.
イベントへの参加は従業員の自由意志による。

派生語 voluntarily **副** 自発的に
類語 spontaneous 自発的な

ひとこと: 品詞問題として出題される。
→ 4, 7

resident /rézədnt/
名 居住者、在住者

The architect Stan Oliver is the town's most famous **resident**.
建築家のスタン・オリバーは町で最も有名な住民である。

派生語 **reside** 動 居住する　**residence** 名 住まい
residential 形 居住の

ひとこと 形容詞 **residential** も品詞問題や語彙問題として出題される。
→ 4, 7

pardon /pάɚdn/
動 許す、大目に見る

Please **pardon** me for being late for the meeting.
会議に遅れたことをお許しください。

類語 **excuse** 容赦する

duplicate /d(j)úːplɪkət/
名 写し、複写物

We need a **duplicate** of the agreement as soon as possible.
できるだけ早く合意書の写しが必要だ。

派生語 **duplicate** 動 複製する　**duplication** 名 複写
類語 **copy** 複写　**reproduction** 複写、複製

steadily /stédəli/
副 着々と、着実に

Sales have been increasing **steadily** for three consecutive years.
売上は3年連続で着実に増加している。

派生語 **steady** 形 着実な
類語 **firmly** しっかり

ひとこと 適切な意味の副詞を選ぶ問題として出題される。
→ 7

capable /kéɪpəbl/
形 能力がある、有能な

We are looking for a **capable** manager for our cosmetics division.
我々は化粧品部門で働いてくれる有能なマネージャーを探している。

派生語 **capability** 名 能力　類語 **competent** 有能な
反意語 **incapable** 形 能力がない

ひとこと → 7

be capable of...
…ができる、…の能力がある

Few people **are capable of** handling such a tight schedule.
そのように厳しい日程に対応できる人はわずかだ。

類語 adept 熟達した

ひとこと
→ 2&3, 4

meanwhile /míːn(h)wàɪl/
副 その間に、それまでの間

Meanwhile, all employees are asked to use the rear entrance.
その間、全従業員は裏の入口を利用するようにしてください。

類語 in the meantime その間に
for now 今のところ

leading /líːdɪŋ/
形 主要な、第一流の

She was hired at a **leading** bank in Japan this June.
彼女はこの6月、日本のある主要銀行に雇われた。

類語 principal 主な

ひとこと
→ 4, 7

accurately /ækjɚətli/
副 正確に、的確に

He reported **accurately** on the patient's condition.
彼は患者の容体を正確に報告した。

派生語 accurate 形 正確な
accuracy 名 正確さ

ひとこと
適切な意味の副詞を選ぶ問題として出題される。
→ 2&3, 7

ahead of schedule
予定より早く、前倒しで

To the delight of the client, the project finished **ahead of schedule**.
依頼主が喜んだことに、プロジェクトは予定より早く終了した。

反意語 behind schedule 予定より遅れて

ひとこと
behind schedule「予定より遅れて」も出題される。
→ 4, 7

temporary /témpərèri/
形 一時的な、仮の

Although she was a **temporary** staff member, her performance was outstanding.
彼女は臨時社員だったが、業績は傑出していた。

派生語 temporarily 副 一時的に
類語 tentative 一時的な、仮の

ひとこと パート1を除く全パートで使われる

benefit /bénəfìt/
名 利点、利益、恩恵

One of the **benefits** of the job is getting to meet people.
その仕事の利点の一つは人に会えることである。

派生語 benefit 動 利益を得る　beneficial 形 有益な、役に立つ
類語 advantage 利点　profit 利益

ひとこと 動詞の **benefit** も出題される。 →4, 7

routinely /rù:tí:nli/
副 いつものように、規定通りに、定期的に

The mayor **routinely** visits senior care homes in the community.
市長は地域の高齢者介護施設を定期的に訪れる。

類語 habitually 習慣的に

ひとこと 適切な意味の副詞を選ぶ問題として出題される。 →7

gradually /grǽdʒuəli/
副 次第に、徐々に

Customer volume **gradually** increases all morning until lunchtime.
顧客数は、午前中いっぱい昼食時まで徐々に増大していく。

派生語 gradual 形 段階的な、緩やかな
類語 little by little 少しずつ　step by step 徐々に

ひとこと 適切な意味の副詞を選ぶ問題として出題される。 →7

roughly /rʌ́fli/
副 おおよそ、ざっと

The meeting is expected to last for **roughly** one hour.
その会議はおおよそ1時間かかる見込みだ。

派生語 rough 形 おおよその、ざっとした
類語 approximately おおよそ、約

ひとこと 適切な意味の副詞を選ぶ問題として出題される

thoroughly /θə́ːrouli/
副 徹底的に、まったく、完全に

The software was checked **thoroughly** for problems before its release.
ソフトウェアは発売前に問題がないか徹底的にチェックされた。
派生語 **thorough** 形 徹底的な
類語 **completely** 完全に　**entirely** 完全に

ひとこと：適切な意味の副詞を選ぶ問題として出題される

in response to...
…に応えて

The new service was added **in response to** customer demand.
顧客の要望に応じてその新しいサービスが加わった。
類語 **in return** お返しに

→4,7

founder /fáundɚ/
名 創設者、設立者

The **founder** of the restaurant chain uses locally grown vegetables.
そのレストランチェーンの創立者は地元で生産された野菜を使用している。
派生語 **found** 動 創設する、設立する　**foundation** 名 創設、基盤、基金
類語 **establisher** 創設者

→4,7

be equipped with...
…を備えている

All of our cars **are equipped with** the latest navigation systems.
我々の車はすべて、最新のナビゲーションシステムを搭載している。
類語 **be furnished with...** （家具など）…が取り付けられている

→4,7

in the meantime
そうしているうちに、そのうちに

In the meantime, documents can be printed on the third floor.
その間、書類は3階で印刷することができる。
類語 **meanwhile** その間に
　　 for the moment 当分の間

transform /trænsfɔ́ːm/
動 変形させる、変質させる

The small manufacturer **transformed** itself into a massive corporation.
その小さな製造業者は巨大な企業に変貌した。

派生語 **transformation** 名 変形

transition /trænzíʃən/
名 推移、変遷、過渡期

Moving into online retailing was a challenging **transition** for the company.
インターネット小売業への進出はその会社にとって力が試される変遷だった。

派生語 **transitional** 名 過渡期の　**transit** 名 移行
類語 **conversion** 転換

prevent /privént/
動 防ぐ、妨げる、阻止する

The compartment is equipped with a belt to **prevent** items from shifting.
商品が移動するのを防ぐために貨物室にはベルトが備えられている。

派生語 **prevention** 名 防止

ひとこと
prevent A from B「**A**が**B**するのを防ぐ」という表現での出題が多い。 ➡ 7

beyond control
制御できない、管理できない

The situation was **beyond** their **control**, so they called for help.
状況は手に負えなくなったので、彼らは助けを求めた。

類語 **out of control** 手に負えない
反意語 **under control** 管理下に

ひとこと
under control「制御されて」という表現も出題される

in accordance with...
…に従って、…に合致して

Changes were made **in accordance with** local building laws.
変更は地域の建築法に従って行われた。

類語 **correspondingly** それに応じて

ひとこと
➡ 7

第4章 Part5&6で出る単語はこれ！ 短文&長文穴埋め問題に頻出する311語

skilled /skíld/
形 熟練した、上手な

There is an abundance of **skilled** labor in the area.
この地帯では熟練の労働力が豊富にある。
派生語 **skillful** 形 熟練した

ひとこと: **skilled worker**「熟練労働者」の表現を問う問題も出題される。 →7

take over
引き継ぐ、引き受ける

Ken Shaw Jr. will **take over** the family business when his father retires.
父親が引退するときはケン・ショー・Jrが家業を引き継ぐ。
類語 **succeed** あとを継ぐ

ひとこと: パート1を除く全パートで使われる

be entitled to...
…する資格がある

Workers **are entitled to** paid leave after having worked for six months.
労働者は6ヵ月間働いた後は有給休暇をとる権利がある。
類語 **be qualified for...** …の資格がある
　　 be eligible for... …に対して資格がある

ひとこと: →7

name /néɪm/
動 指名する、任命する

It is the chairman's responsibility to **name** his successor.
後継者を任命するのは会長の責任である。
類語 **appoint** 任命する

ひとこと: パート1を除く全パートで使われる

collaborative /kəlǽbəèɪtɪv/
形 共同の、合作の

The successful advertising campaign was the result of a **collaborative** effort.
成功した宣伝キャンペーンは共同した努力の賜物だった。
派生語 **collaborate** 動 協力する
　　　 collaboration 名 共同制作、コラボレーション

ひとこと: **collaborative effort**「共同努力」という表現を問う問題として出題される

discouraging /dɪskɚ́ːrɪdʒɪŋ/
形 落胆させるような、がっかりさせる

The announcement of layoffs was **discouraging** news for local residents.
一時解雇の発表は地域の住民を落胆させるニュースだった。

派生語 **discourage** 動 落胆させる　**discouraged** 形 落胆した
類語 **disappointing** 失望させるような

ひとこと → 7

overcome /òʊvɚkʌ́m/
動 打ち勝つ、克服する

The leader had to **overcome** many challenges in order to succeed.
成功するために、その指導者は多くの困難を克服しなければならなかった。

類語 **get over...** …を克服する

fulfill /fʊlfíl/
動 果たす、実行する

If you **fulfill** the terms of your contract, a bonus will be paid.
契約条件を満たせば、賞与が支払われる。

派生語 **fulfillment** 名 達成
類語 **accomplish** 達成する

cultivate /kʌ́ltəvèɪt/
動 育む、深める、耕す

The Japanese and American students **cultivated** friendship during the tour.
日本とアメリカの学生はツアーの間に友情を育んだ。

派生語 **cultivation** 名 育成、耕作
類語 **raise** 育てる

interrupt /ìnṭərʌ́pt/
動 邪魔をする、中断する

Please enter quietly so that you do not **interrupt** the presentation.
発表の邪魔をしないように、静かにお入りください。

類語 **disturb** 邪魔をする

第4章 Part5&6で出る単語はこれ！ 短文&長文穴埋め問題に頻出する311語

competitive /kəmpétəṭɪv/
形 競争の、競争的な

The company's most **competitive** product is made at this plant.
その会社の最も競争力のある製品はこの工場で作られている。

派生語 compete 動 競争する

ひとこと **competitive rate** の表現を問う問題も出題される。
→ 4, 7

currently /kə́ːrəntli/
副 現在、目下

Our company **currently** has offices in Europe and parts of Asia.
我々の会社は、現在ヨーロッパとアジアの一部の地域に事務所がある。

派生語 current 形 現在の
類語 at the moment 現在のところ　presently 現在のところ

ひとこと 形容詞の **current** も語彙問題として出題される。パート1を除く全パートで使われる

enhance /ɪnhǽns/
動 高める、増す

The new line of clothing will **enhance** the company's image.
新製品の服は会社のイメージ高めるだろう。

派生語 enhancement 名 増進
類語 reinforce 強化する

ひとこと → 7

lengthy /léŋ(k)θi/
形 大変長い

The CEO made a **lengthy** speech to the staff at the annual event.
最高経営責任者は毎年恒例のイベントで従業員に向けて非常に長いスピーチを行った。

派生語 length 名 長さ
類語 extended 広大な

moderate /mɑ́dərət/
形 適度の、並みの

Everyone should have at least a **moderate** amount of exercise.
誰しも少なくとも適度な運動はするべきである。

派生語 moderation 名 適度

ひとこと → 7

durable /d(j)ʊ́(ə)rəbl/
形 長持ちする、耐久性のある

The latest line of our suitcases is **durable** and lightweight.
我々のスーツケースの最新作は丈夫で軽い。

類語 lasting 継続する
longstanding 長持ちする

ひとこと 品詞問題として出題される。→ 7

reveal /rɪvíːl/
動 明らかにする、示す

The sales manager will **reveal** the new business plan next month.
販売部長は新しい事業計画を来月明らかにする。

派生語 revelation 名 発覚
類語 disclose 明らかにする　uncover 明らかにする

ひとこと → 7

prior to ...
…より前に、…に先立って

Passengers are asked to arrive at the gate 30 minutes **prior to** departure.
乗客は出発 30 分前にはゲートに到着することを求められている。

類語 before... …の前に　preceding 先立つ
ahead of... …の前に

ひとこと **prior to** は群前置詞。後ろに続く動名詞が問われることもある

enthusiastically /ɪnθ(j)ùːziǽstɪkəli/
副 熱狂的に、熱心に

Volunteers have been working **enthusiastically** to generate awareness.
気付きを促すために、ボランティアたちは熱心に働いている。

派生語 enthusiastic 形 熱心な　enthusiasm 名 熱意
類語 eagerly 熱心に

ひとこと 品詞問題として出題される

degrade /dɪgréɪd/
動 下げる、価値を低下させる

Some cleaning products may **degrade** or discolor fabrics.
洗剤によっては布の品質が低下したり色落ちしたりすることがある。

類語 lessen 減ずる

devote /dɪvóʊt/
動 専念する、ささげる

He **devoted** himself to studying English.
彼は英語の勉強に専念した。

派生語 ▶ **devotion** 名 献身
類　語 ▶ **pledge** 固く誓う

ひとこと
devote to の **to** の後ろには動名詞が続く。
→ 7

manner /mǽnɚ/
名 方法、やり方

Customer complaints must be handled in a timely **manner**.
顧客のクレームは時機を逸せずに対応しなければならない。

類　語 ▶ **fashion** やり方
　　　　approach やり方

ひとこと
in a manner「…の方法で」の表現を問う問題としても出題される

qualified /kwάləfὰɪd/
形 適任の、有能な、資格のある

Many **qualified** applicants responded to the company's recruiting offers.
その会社の求人には多くの適任な求職者が応募してきた。

派生語 ▶ **qualify** 動 資格を与える、適任とする
　　　　qualification 名 資格、適性

ひとこと
パート1を除く全パートで使われる

in terms of…
…の点から見て、…に関して

The system is difficult to replace **in terms of** cost.
費用の観点からシステムを交換するのは難しい。

類　語 ▶ **in relation to…** …に関して

ひとこと
→ 7

significant /sɪgnífɪk(ə)nt/
形 かなりの、相当数の、重要な

There was a **significant** difference in the prices of the products.
製品の価格には著しい違いがあった。

派生語 ▶ **significantly** 副 大きく、著しく

ひとこと
形容詞、副詞ともに出題される。
→ 4, 7

means /míːnz/
名 手段、方法

Are there any **means** of transportation from the plant to the airport?
工場から空港へ行くのに何らかの交通手段はありますか。

類語 **step** 手段

at the cost of ...
…を犠牲にして

The company made a profit **at the cost of** reduced services.
その会社はサービスの低下という代償を払って利益をあげた。

類語 **at the expense of...** …を犠牲にして

be committed to ...
…に熱心である、…に専心する、…することを確約する

Our team of professionals **is committed to** our clients on every project.
我々の専門家チームはどのプロジェクトにおいても顧客に尽くす。

派生語 **commitment** 名 専心、献身、約束
類語 **be devoted to...** …に没頭している **be engaged in...** …に携わっている

challenging /tʃæləndʒɪŋ/
形 やりがいのある、能力を試すような

It was one of the most **challenging** events of her career.
その出来事は、彼女のキャリアの中で最も能力を試すものの一つであった。

類語 **demanding** (要求が)厳しい
　　 formidable 手強い

ひとこと →7

affordable /əfɔ́ːdəbl/
形 購入しやすい、手ごろな

The insurance plan is **affordable** for seniors.
その保険プランは高齢者の手の届きやすい価格だ。

派生語 **afford** 動 購入できる、…する余裕がある

ひとこと →4,7

competent /kɑ́mpətnt/
形 有能な、適任な

Sarah Collins was chosen because she was the most **competent** leader.
サラ・コリンズは最も有能なリーダーだったので選ばれた。

派生語 competency 名 能力
competence 名 能力

ひとこと
→4,7

enforce /enfɔ́ːs/
動 施行する、強要する

The law was **enforced** to introduce stricter regulations.
その法律はより厳しい規制を導入するために施行された。

派生語 enforcement 名 施行
類語 compel 強要する

productivity /pròʊdʌktívəti/
名 生産性、生産力

Giving staff regular breaks improves **productivity**.
従業員に定期的な休憩を与えることは生産性を向上させる。

派生語 productive 形 生産的な
類語 capacity 能力

ひとこと
ビジネス必須単語。
→7

fuel efficiency
燃費

Fuel efficiency is one of the top priorities of new car buyers.
燃費効率は新車購入者にとって優先事項の上位にある。

派生語 fuel efficient 形 燃費のよい
類語 mileage 走行距離

ひとこと
→7

evaluation /ɪvæljuéɪʃən/
名 評価

Please be sure to submit the **evaluation** form by 5 PM today.
今日午後5時までに、必ず評価表を提出してください。

派生語 evaluate 動 評価する
類語 appraisal 評価　assessment 査定

ひとこと
パート1を除く全パートで使われる

sufficiently /səfíʃəntli/
副 十分に、たっぷりと

The store needs to be **sufficiently** stocked for the holiday season.
休暇期間を控え、店では十分な在庫が必要である。

派生語 sufficient 形 十分な　　sufficiency 名 十分にあること
類語 abundantly 豊富に

ひとこと 副詞、形容詞ともに出題される。→4, 7

dispose /dɪspóʊz/
動 処分する、処理する

This memo is to inform employees about how to **dispose** of office waste.
この連絡票は社内のゴミ処理の仕方について従業員に知らせるものです。

派生語 disposal 名 処分、処理
類語 throw away 捨てる

expose /ɪkspóʊz/
動 さらす、触れさせる

We must be careful not to **expose** our children to the Internet too much.
子どもたちが過度にインターネットに触れることがないよう注意しなければならない。

派生語 exposure 名 露出

ひとこと 動詞、名詞ともに出題される

in the event of...
(万一) …の場合には

The company picnic will be rescheduled **in the event of** rain.
雨天の場合、会社のピクニックは別の日に変更される。

類語 in case that... もし…の場合には

ひとこと →7

deduct /dɪdʌ́kt/
動 差し引く、控除する

The new employee asked how much tax was **deducted** from his paycheck.
その新入社員は給与からどれぐらい税金が控除されるのか尋ねた。

派生語 deduction 名 控除、差引額
類語 subtract 差し引く

procedure /prəsíːdʒɚ/
名 手順、手続き

The manual is a useful training tool because it illustrates every **procedure**.
そのマニュアルは手順をすべて解説しているので、役に立つ研修手段だ。

派生語 proceed 動 進む、進行する　proceeding 名 手順、手続き
類語 process 過程

ひとこと パート1を除く全パートで使われる

remaining /rɪméɪnɪŋ/
形 残った、残りの

You can use the **remaining** time to carefully review your answers.
残りの時間は注意深く答えを見直すのに使ったらいい。

派生語 remainder 名 余り
類語 extra 余分な

ひとこと →2&3,4

beforehand /bɪfɔ́ɚhænd/
副 あらかじめ、前もって

If you cannot attend the meeting, please inform organizers **beforehand**.
会議に出席できない場合は、事前に事務局に伝えてください。

類語 ahead of time 前もって

ひとこと afterward「あとに」も出題される。
→4,7

alternative /ɔːltɚ́ːnətɪv/
名 代わるもの、代案

A less expensive **alternative** was presented by the interior designer.
より安価な代案がインテリアデザイナーから提案された。

派生語 alternately 副 代わりに
類語 substitute 代わりのもの　replacement 代わりのもの／人

tentative /téntətɪv/
形 仮の、試験的な、暫定的な

Workers ended the strike when a **tentative** agreement was reached.
労働者たちは暫定的な合意に達したとき、ストライキを止めた。

派生語 tentatively 副 仮に
類語 indefinite （期間が）不定の　experimental 実験的な

ひとこと パート1を除く全パートで使われる

owing to ...
…のおかげで、…のせいで

Owing to the quality of instructors, most students have passed the exam.
講師たちの質が良かったおかげで、ほとんどの生徒が試験に受かった。

派生語 **thanks to...** …の結果

dominant /dάmənənt/
形 支配的な、最も有力な

S&M used to be the **dominant** company in electronics.
S&M 社はかつて電子機器の分野で支配的な企業だった。

派生語 **dominance** 名 支配
類語 **prevailing** 支配的な

ひとこと →7

specifically /spɪsífɪkəli/
副 明確に、はっきりと

The contract **specifically** states the deadline of the project.
契約書はプロジェクトの締切日を特別に明記している。

派生語 **specific** 形 明確な、具体的な
類語 **clearly** 明らかに

ひとこと 適切な意味の副詞を選ぶ問題として出題される

replacement /rɪpléɪsmənt/
名 取り替え、交代、代わりのもの／人

We need a **replacement** for the broken computer to complete the project.
プロジェクトを完成させるためには壊れたコンピューターの代わりが必要だ。

派生語 **replace** 動 取り替える、交代する

ひとこと 「もの」の場合だけでなく、「人」の場合にも使え、両方の意味で出題される。パート1を除く全パートで使われる

comprehensive /kὰmprɪhénsɪv/
形 広範囲な、包括的な、幅広い

A **comprehensive** study will be conducted to resolve the structural issues.
構造的な問題を解決するために包括的な調査が実施される。

派生語 **comprehensively** 副 広範囲に、包括的に
類語 **extensive** 幅広い　**inclusive** 包含的な

177

inspiring /ɪnspáɪ(ə)rɪŋ/
形 鼓舞する、感激させるような

Attendees congratulated the speaker for delivering an **inspiring** speech.
参加者は、感激させる演説をした話し手のことを祝った。

派生語 **stimulating** 刺激的な

ひとこと → 2&3, 7

appreciation /əprìːʃiéɪʃən/
名 感謝、（正しい）理解

Ms. Tate expressed her sincere **appreciation** to all of her staff.
テートさんはスタッフ全員に心から感謝の意を表した。

派生語 **appreciate** 動 感謝する
類語 **recognition** 感謝の言葉　**gratitude** 謝意

ひとこと パート1を除く全パートで使われる

acknowledge /əknάlɪdʒ/
動 認める、承認する

The human resources department **acknowledged** the need for more staff.
人事部はもっと従業員が必要であることを認めた。

派生語 **acknowledgement** 名 認識、承認

be accompanied by…
…が添付してある、…が同伴する

All returned items must **be accompanied by** the original receipt.
返品はすべて、レシートの原本を伴わなければならない。

類語 **come with…** …が伴う

ひとこと ビジネス関連の手紙やメールで多用される

mutual /mjúːtʃuəl/
形 相互の、相互的な

The researchers developed **mutual** trust through many discussions.
数多くの議論を通して、研究者たちはお互いの信頼を築いた。

派生語 **mutually** 副 互いに

ひとこと → 7

duration /d(j)ʊréɪʃən/
名 持続（期間）、存続（期間）

The **duration** of the meeting was extended for two hours.
会議時間は2時間延長された。

派生語 **durable** 形 耐久性のある
類語 **continuation** 継続　**span** 期間

defect /díːfekt/
名 欠陥、欠点

The production line was shut down after a serious **defect** was discovered.
深刻な欠陥が見つかったあとに生産ラインは停止された。

ひとこと　メーカー必須単語。名詞、形容詞ともに出題される。パート1を除く全パートで使われる

派生語 **defective** 形 欠陥のある
類語 **flaw** 欠陥　**weakness** 欠点

detour /díːtʊɚ/
名 回り道、迂回路

The **detour** caused major traffic congestion for several weeks.
迂回路は数週間にわたり大規模な交通渋滞を引き起こした。

ひとこと → 4

vary /vé(ə)ri/
動 変わる、変化する

Consumers should be aware that prices **vary** depending on the seller.
消費者は、売り手によって価格が異なることに気付くべきだ。

ひとこと　形容詞の **variable** も語彙問題として出題される。
→ 2&3, 7

派生語 **variable** 形 変えられる、可変の
類語 **differ** 変わる

directory /dəréktəri/
名 住所氏名録、人名簿

The staff **directories** can be found on the company intranet.
従業員名簿は会社の社内ネットワーク上にある。

ひとこと → 2&3

identify /aɪdéntəfàɪ/
動 特定する、識別する

The committee aims to **identify** the cause of the problem.
委員会はその問題の原因を究明することを目的とする。
類語 **distinguish** 区別する

defective /dɪféktɪv/
形 欠陥のある、不完全な

All **defective** items should be sent to inspectors immediately.
欠陥品は全部、今すぐに検査官に送られるべきである。
派生語 **defect** 名 欠陥
類語 **flawed** 欠点のある　**damaged** 損傷した

ひとこと 形容詞、名詞ともに出題される。 →2&3,7

significantly /sɪgnífɪkəntli/
副 著しく、かなり

Sales improved **significantly** after products became available on the website.
製品がウェブサイトで購入できるようになってから売上は著しく好転した。
派生語 **significant** 形 著しい、かなりの
類語 **extremely** 非常に

ひとこと 副詞、形容詞ともに出題される。 →4,7

manageable /mǽnɪdʒəbl/
形 処理できる、扱いやすい

This problem is **manageable** for anyone who has basic computer skills.
基本的なコンピューターの操作能力がある人なら誰にでもこの問題は処理できる。
派生語 **manage** 動 処理する
類語 **controllable** 管理可能な　**achievable** 達成可能な

be eligible for ...
…の資格がある、…にふさわしい

You will **be eligible for** a discount if you become a member today.
今日会員になれば、割引の対象になります。
類語 **be qualified for...** …の資格がある
　　　be suitable for/to... …に合っている

ひとこと →7

designate /dézɪgnèɪt/
動 指定する、示す

Ken Turner has been **designated** to lead the challenging project.
ケン・ターナーはその困難なプロジェクトを指揮するよう指名された。

派生語 designated 形 指定された、示された
designation 名 指定、指名

ひとこと →7

exclusive /ɪksklúːsɪv/
形 排他的な、もっぱら、独占的な

The agent has an **exclusive** agreement to sell the product throughout Asia.
その代理店は製品をアジア全域で販売する独占契約をしている。

派生語 exclude 動 除く、除外する　exclusively 副 まったく…のみ
exclusion 名 排他、除外　**類語** sole 唯一の

ひとこと 形容詞、副詞ともに出題される

valid /vǽlɪd/
形 有効な、効力がある、根拠の確かな

This offer is **valid** as long as supplies last.
商品の供給が続く限り、この提案は有効だ。

派生語 validity 名 有効性　**類語** good 有効な
反意語 invalid 無効な、効力がない

ひとこと →4,7

withdraw /wɪðdrɔ́ː/
動 撤退する、やめる、引き下がる

The company will **withdraw** from the market after selling its current inventory.
その会社は現在の在庫を販売したあと、市場から撤退する。

派生語 withdrawal 名 撤収
類語 draw back 引き戻す　back off 後退する

complimentary /kàmpləméntəri/
形 無料の、招待の

Preferred passengers are often given a **complimentary** upgrade.
優良乗客はしばしば無料でグレードアップしてもらえる。

ひとこと →7

compensate /kάmpənsèɪt/
動 賠償をする、報酬を支払う

Airlines usually **compensate** passengers for cancelled flights.
航空会社は通常、乗客に対し欠航した便の補償をする。

派生語 **compensation** 名 賠償、補償、報酬
類語 **make up for...** …の埋め合わせをする

ひとこと → 7

expenditure /ɪkspéndɪtʃɚ/
名 支出、経費、費用

All **expenditures** must be sent to the accounting office before the end of the month.
支出はすべて月末までに会計事務所に送付されなければならない。

類語 **expense** 支出 **spending** 支出

ひとこと 会計レポートでは「経費、費用」の意味で多用される

respective /rɪspéktɪv/
形 それぞれの、各自の

It is important that all employees play their **respective** roles in the company.
会社の中では各従業員がそれぞれの役割を担うことは重要である。

派生語 **respectively** 副 それぞれに
類語 **individual** それぞれの

ひとこと → 7

adequately /ǽdəkwətli/
副 適切に、十分に

The lobby of the company had not been **adequately** furnished.
その会社のロビーは適切に設えられていなかった。

派生語 **adequate** 形 適切な

ひとこと 適切な意味の副詞を選ぶ問題として出題される

precisely /prɪsάɪsli/
副 正確に、きちんと

The shuttle bus leaves for the convention center at **precisely** 9 AM.
シャトルバスは午前9時ちょうどに会議場に向けて出発する。

派生語 **precise** 形 正確な
preciseness 名 正確さ

ひとこと 適切な意味の副詞を選ぶ問題として出題される。
→ 4, 7

managerial /mænədʒí(ə)riəl/
形 経営の、管理の

The position requires someone with extensive **managerial** experience.
その仕事には豊富な管理経験を持つ人が就く必要がある。

派生語 **manager** 名 部長、マネージャー　**manage** 動 経営する、管理する
類語 **supervisory** 管理の

ひとこと
→ 7

relevant to ...
…に関する、…に関連する

The applicant does not have the basic knowledge **relevant to** the position.
その応募者は職務に関する基本知識がない。

類語 **pertinent** 関連する
　　 related 関連する

ひとこと
pertinent も出題される。
→ 7

without consent
承諾なく、同意なく

The program cannot be recorded **without consent** from the broadcaster.
放送局の同意なしに番組を録音することはできない。

類語 **without permission** 許可なく
　　 without agreement of ... …の同意なしに

ひとこと
類語の **without permission** も出題される。
→ 7

comparable /kάmp(ə)rəbl/
形 比較できる、類似の

Although the offices are **comparable** in size, rental fees are quite different.
広さの面で事務所は類似しているが、賃貸料はだいぶ違う。

ひとこと
→ 7

substantially /səbstǽnʃəli/
副 十分に、相当に

Profits increased **substantially** after the new director took place.
新しい局長に代わってから、利益は大幅に増大した。

派生語 **substantial** 形 かなりの、十分な
類語 **ample** 十二分な

ひとこと
副詞、形容詞ともに出題される。
→ 7

183

exclusively /ɪksklúːsɪvli/
副 もっぱら、まったく…のみ

This special discount is **exclusively** for first-time buyers.
この特別割引は初回購入者だけを対象としている。

派生語 **exclusive** 形 排他的な、独占的な
exclude 動 除外する、締め出す

ひとこと
副詞、形容詞ともに出題される。
➡ 7

prestigious /prestídʒəs/
形 名声のある、一流の、有名な

He had several job offers, including one from a **prestigious** law firm.
著名な法律事務所を含む数社から仕事の申し出が彼にあった。

派生語 **prestige** 名 名声
類語 **esteemed** 評価が高い **reputable** 評判が高い

promising /prάmɪsɪŋ/
形 前途有望な、期待できる

Three of this year's interns have **promising** careers in accounting.
今年のインターンのうち3人は、経理において前途有望なキャリアがある。

派生語 **promise** 動 約束する／名 約束

ひとこと
➡ 2&3

supplementary /sʌ̀pləméntəri/
形 補足の、追加の

Supplementary graphs are included in the back of the book.
補足的なグラフは本の後に収録されている。

派生語 **supplement** 動 補う
類語 **extra** 追加の **additional** 形 追加の

ひとこと
➡ 7

preliminary /prɪlímənèri/
形 予備的な、仮の

Results of the **preliminary** study were unexpectedly positive.
予備調査の結果は予想に反して肯定的であった。

類語 **preparatory** 準備の

ひとこと
➡ 7

unbearably /ʌnbé(ə)rəbli/ 副 耐えられないほど

Temperatures were **unbearably** high, so we stayed indoors.
耐えられないほど気温が高かったので私たちは屋内で過ごした。

派生語 **unbearable** 形 耐えられない　**bear** 動 耐える
類語 **intolerably** 耐えられないほど　**unacceptably** 受け入れがたいほど

undertaking /ʌndɚtéɪkɪŋ/ 名 仕事、事業、企て

The construction company carried out a new **undertaking** in Thailand.
その建設会社はタイで新しい事業を展開した。

類語 **enterprise** 事業　**venture** 企て

ひとこと　ビジネス必須英語

solely /sóʊ(l)li/ 副 単に、…のみ、ただ一つの

He was hired **solely** because he did very well in the interview.
彼は単に面接がとてもよかったというだけの理由で雇われた。

派生語 **sole** 形 唯一の
類語 **merely** ただ単に

ひとこと　適切な意味の副詞を選ぶ問題として出題される

gauge /géɪdʒ/ 動 評価する、判断する、測る

To **gauge** the progress of your learning, please answer these questions.
あなたの学習の進度を測定するため、これらの質問に答えてください。

類語 **measure** 測定する

demolish /dɪmάlɪʃ/ 動 取り壊す、破壊する

A company will be hired to **demolish** the old warehouse.
ある会社がその古い倉庫の取り壊しを請け負う。

類語 **destroy** 破壊する
　　　ruin 破壊する

185

utmost /ʌ́tmòʊst/
形 最大の、最高の

The hotel will do its **utmost** effort to meet guests' requests.
宿泊客の要望に応えられるよう、そのホテルは最大限の努力をする。
派生語 **utmost** 名 最大限、全力
類語 **supreme** 最高の

exempt /ɪgzém(p)t/
形 (義務を)免れた

Part-time workers with less than 1000 dollars income are **exempt** from income tax.
収入が1000ドル未満のパート従業員は所得税が免税になる。
派生語 **exemption** 名 免除
類語 **discharged** 免除された

ひとこと → 7

wage /wéɪdʒ/
名 賃金、労賃

Our **wages** increased as a result of the negotiations between the management and the union.
経営側と組合の交渉の結果、私たちの賃金が上昇した。
類語 **pay** 給与

diverse /dàɪvə́ːs/
形 異なった、多様な

Companies with **diverse** products can attract a wide variety of customers.
多様な製品を持つ企業は、幅広い顧客を引きつけられる。
派生語 **diversify** 動 多様化する　**diversity** 名 多様性
diversification 名 多様化

ひとこと → 7

subsequent /sʌ́bsɪkwənt/
形 次の、後に起こる

You can pick up the vacuum cleaner on the **subsequent** business day.
翌営業日に掃除機を受け取れます。
派生語 **subsequently** 副 その次に、続いて

ひとこと **subsequent to**「…の後で」も出題される。
→ 7

periodically /pi(ə)riάdɪkəli/
副 定期的に、周期的に

Feedback is **periodically** solicited to understand the level of customers' satisfaction.
顧客満足度の度合いを理解するために定期的にフィードバックが求められる。

類語 regularly 定期的に

ひとこと 適切な意味の副詞を選ぶ問題として出題される。
→ 4, 7

consecutive /kənsékjʊtɪv/
形 連続した、引き続く

He has attended this conference for 20 **consecutive** years.
彼はこの会議に20年連続して参加している。

類語 successive 連続する
sequential 連続する

ひとこと 会計レポート必須単語。
→ 7

comply with ...
…に従う、…に応じる

Changes are needed in order to **comply with** new regulations.
新しい規制に適合するためには、変更が必要である。

類語 abide by ... …（法律）に従う
obey 従う

ひとこと
→ 2&3, 7

be subject to ...
…を受ける、…を条件とする、…を免れない

The program **is subject to** change without notice.
プログラムは通知なしに変更される可能性がある。

ひとこと
→ 7

findings /fάɪndɪŋz/
名 調査結果、研究結果

Recent **findings** showed that consumers wanted a greater color selection.
最近の調査結果から、消費者はより多くの色から選びたいと思っていることがわかった。

類語 discovery 発見
conclusion 結果

ひとこと
→ 7

proceeds /próʊsiːdz/
名 収入、収益、売上高

Proceeds of the charitable event will be donated to local hospitals.
慈善活動の催しの収益は地域の病院に寄付される。

類語 **revenue** 収入、歳入
gain 収益

ひとこと ビジネス関連のレポートで使われる

proceed /proʊsíːd/
動 続ける、進む

After passing through security, **proceed** directly to the gate.
警備を通ったら、ゲートへ直接進むように。

類語 **progress** 前進する
carry on 続行する

numerous /n(j)úːm(ə)rəs/
形 たくさんの、数多くの

The session finished with **numerous** questions from the audience.
総会は聴衆からの多数の質問で終了した。

類語 **plentiful** 豊富な

ひとこと → 4, 7

exceptional /ɪksépʃ(ə)nəl/
形 特別に、優れた

The company is renowned for its **exceptional** training program.
その会社は非常に優れた研修プログラムで有名である。

派生語 **exceptionally** 副 非常に
類語 **extraordinary** 類いまれな **outstanding** 傑出した

ひとこと 副詞の **exceptionally** も適切な意味の副詞を選ぶ問題で出題される。→ 7

harsh /hάɚʃ/
形 厳しい

Many employees complained of the **harsh** working conditions.
多くの労働者が過酷な労働条件に不満を漏らした。

派生語 **harshness** 名 厳しさ
類語 **severe** 厳しい

prominent /prάmənənt/
形 目立った、卓越した、有名な

The author is **prominent** in the world of children's literature.
その作家は児童文学の世界では有名である。

類語 outstanding 目立った

ひとこと →7

renowned /rɪnάʊnd/
形 有名な、高名な

The **renowned** chef spent two decades studying in Europe.
その有名なシェフは20年かけてヨーロッパで修行した。

類語 prestigious 一流の、有名な
well-known 有名な

distinct /dɪstíŋ(k)t/
形 はっきりした、明瞭な、独特な

There is a **distinct** difference in the taste of the two beverages.
その2つの飲み物の味には、はっきりした違いがある。

派生語 distinction 名 区別
類語 obvious 明らかな

address /ədrés/
動 扱う、対処する、話をする

City planners need to find a way to **address** construction delays.
都市設計者は工事の遅れに対処する方法を見つける必要がある。

類語 handle 対処する
deal with 扱う

ひとこと →2&3, 7

accordingly /əkɔ́ːdɪŋli/
副 それゆえに、それに応じて

Accordingly, you must make sure that all files are securely stored.
それに沿って、すべてのファイルは安全に保管されていることを確認しなければならない。

類語 in consequence その結果

ひとこと
適切な意味の副詞を選ぶ問題として出題される。
→7

nevertheless /nèvəðəlés/
副 それにもかかわらず、それでも

A storm was coming, but staff was **nevertheless** asked to come to work.
嵐が来ていたが、従業員はそれでもなお仕事に来るように言われた。

類語 nonetheless にもかかわらず
　　　 still それでも

ひとこと →7

conservation /kànsəvéɪʃən/
名 保護、保全

Conservation of resources is a critical environmental issue.
資源の保存は重大な環境問題だ。

類語 preservation 保護

approximately /əprάksəmətli/
副 おおよそ、約

We receive **approximately** 50 job applications every month.
わが社には毎月約50件の求職の申し込みが届く。

派生語 approximate 形 おおよその
類語 roughly おおよそ

ひとこと 適切な意味の副詞を選ぶ問題としても、品詞問題としても出題される。 →7

attribute A to B
AをBのせいにする

The spokesperson **attributed** the price increase **to** higher energy costs.
広報官は価格の値上げを高額のエネルギー費用に原因があるとした。

派生語 attributable 形 …に起因する
類語 blame 責める

ひとこと 受動態 A is attributed to B の形で使われることが多い

remedy /rémədi/
名 救済策、改善法、治療法

The government must find a **remedy** for this recession as soon as possible.
政府はできる限り早急にこの不況の救済策を見出さなければならない。

派生語 remedial 形 改善の、治療の

reimbursement /rìːmbə́ːsmənt/
名 払い戻し、返済

Reimbursement will be made next month to your bank account.
来月あなたの銀行口座に払い戻しがあります。

派生語 ▶ reimburse 動 払い戻す
類 語 ▶ pay back 払い戻し、払い戻す

ひとこと
名詞、動詞ともに出題される。
→ 7

liaison /líːəzɑ̀n/
名 (組織内外、部門間の)連絡、連絡係、連絡窓口

Collin Steward works as a **liaison** between our London and Tokyo offices.
コリン・ステュワードは、ロンドンと東京の事務所間の連絡係として働いている。

類 語 ▶ contact (person) 担当者
　　　　go-between 仲介人

ひとこと
ビジネス必須単語

deliberately /dɪlíb(ə)rətli/
副 故意に、意識的に

He **deliberately** changed the topic of the discussion to buy time.
彼は時間を稼ぐために意図的に討議のテーマを変えた。

派生語 ▶ deliberate 形 故意の
類 語 ▶ intentionally 故意に

ひとこと
適切な意味の副詞を選ぶ問題として出題される

discreetly /dɪskríːtli/
副 慎重に、控えめに

When entering a meeting late, it is important to take your seat **discreetly**.
会議に遅れて入るときは、目立たないように席に着くことが大切だ。

派生語 ▶ discreet 形 慎重な

ひとこと
適切な意味の副詞を選ぶ問題として出題される

speculation /spèkjʊléɪʃən/
名 推測、憶測、熟考

There has been much **speculation** about the merger.
合併について多くの憶測が飛び交っている。

派生語 ▶ speculate 動 推測する
類 語 ▶ assumption 推測　contemplation 熟考

ひとこと
ビジネスでは「投機」の意味でもよく使われるが、この意味では出題されない

191

adhere to ...
…に固執する、…に従う

Staff must strictly **adhere to** the safety guidelines.
従業員は安全指針を厳しく守らなければならない。

類語 persist in... …に固執する

ひとこと 受動態 **be adhered to** の形での出題が多い

retain /rɪtéɪn/
動 保つ、保持する

The store has made a manual to **retain** loyal customers.
その店は常得意をつなぎとめるためにマニュアルを作成した。

派生語 retention **名** 保持
類語 keep 保つ

implement /ímpləmənt/
動 実行する、実施する

Our staff will **implement** the plan within a month.
我々の社員はその計画を1ヵ月以内に実施する。

派生語 implementation **名** 実行

ひとこと パート1を除く全パートで使われる

be compliant with ...
…に準拠している、…に従う

The agreement must **be compliant with** the laws of Great Britain.
契約は英国の法律に準拠していなければならない。

派生語 compliance **名**（規則の）遵守
comply **動**（規則に）従う

liable /láɪəbl/
形（…に対して）法的責任がある

You are **liable** to a fine if you park in front of this building.
この建物の前に駐車すると罰金を科される。

類語 accountable 説明の義務がある

ひとこと be liable for... 「…に責任を持つ」の形での出題が多い。→ 7

be liable for …
…に(法的)責任を持つ

The tour operator **is liable for** any injuries suffered by tour members.
ツアーの主催者は、ツアー参加者が被るいかなる損傷にも責任を負う。

派生語 **liability** 名 法的責任、負債

ひとこと 「負債」は liabilities と複数形で使うことが多い。 →7

pursue /pərsúː/
動 追う、追い求める

John Woods left the company to **pursue** his goal of becoming a lawyer.
ジョン・ウッズは弁護士になるという目標を追求するために会社を辞めた。

派生語 **pursuit** 名 追求
類語 **seek** 探し求める

ひとこと →7

solidify /səlídəfὰɪ/
動 強固にする、固める

The new marketing manager **solidified** her position by doubling sales.
新しいマーケティング部長は売上を2倍にして地位を固めた。

派生語 **solid** 形 強固な
類語 **harden** 固める

mandatory /mǽndətɔ̀ːri/
形 命令の、強制的な、必須の

Wearing a seatbelt while in a car is **mandatory** in most countries.
乗車中にシートベルトを着用することはほとんどの国で義務となっている。

派生語 **mandate** 動 命じる
類語 **forceful** 強制的な

ひとこと 外資系企業ではカタカナのまま日本語のように使用されている。 →7

feasible /fíːzəbl/
形 実行できる、実現可能な

A sales decrease meant that increased advertising was no longer **feasible**.
売上の減少は、広告費の増加はもはや実現可能ではないことを意味していた。

派生語 **feasibility** 名 実現可能性
類語 **achievable** 達成可能な　**workable** 実行可能な

ひとこと ビジネス関連の英文で多用される

expertise /èkspə(:)tíːz/
名 専門知識、専門家の意見

He was hired for both his **expertise** and outstanding reputation.
彼は、専門知識と際立つ評判のよさの両方により雇われた。
派生語 **expert** 名 専門家
類語 **skill** 技能　**know-how** ノウハウ

ひとこと → 7

authentic /ɔːθéntɪk/
形 本物の、真正の

The restaurant is renowned for its **authentic** Indian cuisine.
そのレストランは本物のインド料理を出すことで知られている。
派生語 **authenticity** 名 信頼性
類語 **genuine** 本物の

ひとこと → 7

commence /kəméns/
動 始まる、開始する

The shareholders meeting will **commence** at 9 AM on Monday.
株主総会は月曜日の午前9時に開始する。
派生語 **commencement** 名 開始
類語 **start** 始める

ひとこと → 7

premise /prémɪs/
名 (複数形で)土地、建物、敷地、構内

No items are allowed to be removed from the **premises**.
いかなる品も敷地から持ち出してはならない。

ひとこと → 4,7

lapse /læps/
名 (ちょっとした)間違い、過失

The **lapse** of judgment led to a serious problem in the factory.
判断の間違いが工場での深刻な問題につながった。
類語 **oversight** 見過ごし

provided that...
という条件で、ただし…ならば

Your résumé will be reviewed **provided that** you send it by May 31.
5月31日までに送付すれば、あなたの履歴書は審査されます。

類語 on condition that...
…という条件のもとで

ひとこと povided that の that は省略して使うこともあり、その形での出題もある。➡ 7

pertain /pɚ-téɪn/
動 関連する

The minister addressed issues **pertaining** to the health of children in the region.
大臣はその地域に住む子どもたちの健康に関連する問題について述べた。

類語 relate to... …と関連している　be relevant to... …に関連する

solicit /səlísɪt/
動 請い求める、懇願する

The citizens **solicited** funds to build new day-care centers.
市民らは新しい保育所を作るための資金を求めた。

派生語 solicitation 名 懇請、懇願
類語 call for... …を求める　beg 懇願する

stringent /stríndʒənt/
形 厳しい、厳格な

Pharmaceutical regulations tend to be among the most **stringent**.
薬事規制は最も厳しい傾向にあるもののひとつだ。

派生語 stringency 名 厳しさ
類語 demanding （要求が）厳しい　strict 厳しい

shortcomings /ʃɔ́rtkʌ̀mɪŋz/
名 欠点、短所

Despite his **shortcomings**, Brian West is the best person to lead the group.
ブライアン・ウェストは欠点があるにしても、グループを率いるには最適の人物だ。

類語 drawback 欠点

whereas /(h)weəǽz/
接 だが一方、…であるのに

The shop is busy on weekdays, **whereas** weekends have few customers.
その店は平日は忙しいが、その一方で週末はお客が少ない。
類語 despite the fact that... …であるにもかかわらず

whereby /(h)wèəbaɪ/
副 それによって…する

A new system was introduced **whereby** people could vote online.
インターネットで投票ができる新しい制度が導入された。
類語 by which... …であることによって

given... /gív(ə)n/
前 …と仮定すると、…を考えると

Given the company's financial circumstances, we could not hire new recruits this year.
会社の経済的状況を考えると、今年は新入社員を雇うことができなかった。
派生語 given... 接 …と仮定すると、…と考えると
類語 considering... …を考えると

ひとこと 前置詞としてのgivenを問う形での出題が大半。 ➡ 7

deliberation /dɪlìbəréɪʃən/
名 熟考、検討、審議

After long **deliberation**, the board decided on the merger.
長い審議の末、役員会は合併を決断した。
類語 consideration 検討

replenish /rɪplénɪʃ/
動 再び満たす、補充する

Staff was asked to **replenish** the guests' drinks just before the start of the reception.
レセプションの始まる直前に客のグラスに飲み物を再び入れるよう、スタッフは頼まれた。
派生語 replenishment 名 補充
類語 refill 補充する

be poised to …
…する用意ができている、…する構えだ

He **is poised to** take a stronger leadership role in the company.
彼は会社の中で今よりも強い指導者的な役割を担う用意ができている。
類語 be ready for … …に対して準備している

obsolete /ὰbsəlíːt/
形 古臭い、時代遅れの

The **obsolete** system will need to be replaced with an up-to-date one.
旧式のシステムは最新のものと交換しなければならない。
類語 out-of-date 時代遅れの
反意語 up-to-date 最新の

alleviate /əlíːvièɪt/
動 軽減する、緩和する

The software may **alleviate** the problem of Internet speeds.
そのソフトウェアはインターネットの速度の問題を緩和するかもしれない。
派生語 alleviation 名 緩和、軽減
類語 weaken 弱める

aggravate /ǽɡrəvèɪt/
動 さらに悪化させる

The president's comment **aggravated** the relationship between the two countries.
大統領のコメントは二国間の関係を悪化させた。
派生語 aggravation 名 悪化
類語 worsen 悪化させる

ひとこと 少し難しいが、ビジネス関連のレポートや英字紙で使われる。→ 7

viable /vάɪəbl/
形 実行可能な、実現性のある

Reducing the number of staff was not a **viable** option for the company.
従業員の数を減らすことは会社にとって実行可能な選択肢ではなかった。
派生語 viability 名 実行可能性

ひとこと **viable option** はビジネス関連の英文でよく使われる

197

in jeopardy

危険にさらされて、危うくなって

The plan may be **in jeopardy** if funds cannot be found.
資金にめどが立たなければ、その計画は危機に追い込まれるだろう。

類語 in danger 危険な状態にあって
in trouble 困った状態にあって

ひとこと
→ 2&3, 7

meticulously /mətíkjələsli/

副 非常に注意深く、入念に、慎重に

Documents must be checked **meticulously** before they are sent to clients.
書類は顧客に送られる前に細かくチェックされなければならない。

派生語 meticulous 形 入念な
類語 attentively 注意深く

pertinent /pə́ːtənənt/

形 関連する、適切な、的を射た

My boss offered **pertinent** advice on how to handle the situation.
私の上司は、その状況に対処するための適切なアドバイスをくれた。

第5章

Part 7で出る単語はこれ！

読解問題を解くのに欠かせない251語

→ Track 95-120

article /άɚṭɪkl/
名 記事、条項、品物

The **article** influenced public opinion enough to change town regulations.
その記事は、町の規則を変更させるほど世論に影響を与えた。
類語 feature 特集記事

> ひとこと
> パート1を除く全パートで使われる

gain /géɪn/
動 得る、手に入れる

Training workshops allow staff to **gain** knowledge and meet colleagues.
研修ワークショップは従業員が知識を得て同僚に会う機会を与える。
派生語 gain 名 利益、増大
類語 obtain 得る　acquire 手に入れる

> ひとこと
> → 4

serve /sə́ːv/
動 仕える、務める、応える

The new hospital was built to **serve** the needs of the aging community.
新しい病院は高齢化する地域のニーズに応えるために建設された。
派生語 service 名 役に立つこと、勤務
類語 in the service of... …に仕えて

> ひとこと
> → 2&3, 4

agreement /əgríːmənt/
名 合意、同意、（意見の）一致

There is a risk of a labor strike if an **agreement** is not reached by tonight.
今夜までに合意に至らなければ、ストライキの危険がある。
派生語 agree 動 同意する　agreeable 形 合意できる
類語 consensus 意見の一致　correspondence 一致

> ひとこと
> パート1を除く全パートで使われる

seek /síːk/
動 求める、探し求める

You should **seek** the advice of an accountant regarding all tax issues.
税金に関する問題はすべて会計士に助言を求めるべきである。
類語 look for... …を探し求める

> ひとこと
> → 4

notice /nóʊtɪs/
名 通知、通達

Please be sure to give advance **notice** if you are going to be late.
もし遅れるようならば、必ず事前に通知するようにお願いします。

派生語 notice 動 気が付く
類語 announcement お知らせ

ひとこと パート7の出題ジャンルのひとつに notice がある

influence /ínfluəns/
名 影響、感化

The charismatic CEO's speech had a great **influence** on the new recruits.
カリスマ性のある CEO のスピーチは新入社員に大きな影響を与えた。

派生語 influence 動 影響する　influential 形 影響の大きい
類語 effect 影響　consequence 結果、影響

ひとこと → 4

editor /édɪtɚ/
名 編集者

As an **editor** of the paper, she is responsible for the accuracy of articles.
新聞の編集者として、彼女は記事の正確さに責任がある。

派生語 edit 動 編集する　editorial 名 社説
類語 proofreader 校正者　editor-in-chief 編集長

ひとこと ダブルパッセージで記事が使われる場合、読者から編集者への手紙やメールが出ることが多い。 → 4

edit /édɪt/
動 編集する、手を入れる

I will proofread and **edit** the document before it is sent to the client.
取引先に送る前に私がその書類を校正し、編集する。

派生語 editing 名 編集　editor 名 編集者
類語 proofread 校正する

novel /nάv(ə)l/
名 小説

The author of the best-selling **novel** will have a book-signing event.
そのベストセラー小説の著者はサイン会を行う。

類語 poem 詩
　　　　fiction フィクション

ひとこと → 2&3

201

edition /ɪdíʃən/
名 (本などの) 版、全発行部数

The morning **edition** of the paper covered the disaster in detail.
新聞の朝刊は災害を詳細に伝えていた。

派生語 edit 動 編集する
類語 issue (雑誌、新聞の) 号 printing 印刷

be eager to...
しきりに…したがっている

Many companies **are eager to** bid on the building of the convention center.
多くの会社が会議センター建設の入札に参加したがっている。

類語 be anxious to... …したがっている be keen to... …したいと思っている

apologize /əpɑ́lədʒàɪz/
動 謝る、謝罪する

We **apologize** for any inconvenience that the delay of delivery may cause.
配達の遅れによりお掛けしたご不便に関し、お詫び申し上げます。

派生語 apology 名 謝罪

ひとこと パート1を除く全パートで使われる

financial /fɪnǽnʃəl/
形 財政の、金融の

The company has been focusing on improving its **financial** situation.
会社は財務状況の改善に重点的に取り組んできた。

派生語 finance 動 資金を融資する、資金の手当てをする
         financially 形 金融的な、財政的な **類語** monetary 財政の

ひとこと → 2&3,4

lay off
一時解雇する

The company **laid off** 100 workers due to the economic downturn.
経済不況のため、会社は100人の従業員を一時解雇した。

派生語 layoff 名 一時解雇
類語 dismiss 解雇する discharge 解雇する

demand /dɪmǽnd/
名 需要、要求、請求

Demand for fuel-efficient vehicles has been increasing in recent years.
燃費効率のよい車の需要はここ数年、増加している。

派生語 **demand** 動 (強く)要求する、必要とする

ひとこと demand「需要」と supply「供給」はビジネス必須単語。「要求」の意味でも頻繁に使われる。 → 5&6

affect /əfékt/
動 影響する、作用する

Construction will be done at night, so it should not **affect** commuters.
工事は夜間行われるので、通勤客に影響することはないはずだ。

類語 **impact** 影響する
influence 影響する

regulation /règjʊléɪʃən/
名 規制、規定

New import **regulations** have become stricter than previous ones.
新しい輸入規制は以前のものより厳しくなった。

派生語 **regulate** 動 規制する
類語 **code** 規約 **decree** 法令

ひとこと → 4

majority /mədʒɔ́ːrəṭi/
名 大多数、大部分

A **majority** of employees said that they would prefer working from home.
従業員の大多数は家から働くほうがいいと言っていた。

派生語 **major** 形 主要な
類語 **bulk** 大部分 **minority** 少数派

ひとこと → 5&6

separately /sép(ə)rətli/
副 離れて、別々に

As the service fee is not included in the price, it will be shown **separately**.
サービス料金は価格に含まれていないので、別に提示される。

派生語 **separate** 動 離す **separated** 形 別々になった
類語 **apart** 離れて **one by one** ひとつずつ

ひとこと → 4

203

graduate /grǽdʒuət/
名 卒業生

Each year, **graduates** are contacted and asked to make donations.
毎年卒業生は連絡を受け、寄付をするように頼まれる。

派生語 graduate 動 卒業する　graduation 名 卒業
類語 alumnus 同窓生

ひとこと パート1を除く全パートで使われる

degree /dɪgríː/
名 学位、程度

The minimum requirement for applicants is an undergraduate **degree**.
応募者に最低必要な条件は学士の学位である。

類語 academic degree 学位

ひとこと パート1を除く全パートで使われる

correspondence /kɔ̀ːrəspάndəns/
名 通信、通信文、一致すること

Correspondence with customers is strictly monitored by the manager.
顧客との通信は、部長によって厳しく監視されている。

派生語 correspond 動 連絡する、一致する　correspondent 名 特派員
類語 communication 連絡

profession /prəféʃn/
名 職業、専門職

The medical **profession** has turned its focus to improving quality of life.
その医療専門職は、生活の質を改善することに焦点をシフトした。

派生語 professional 名 専門家／形 専門的な、職業上の
類語 occupation 職業　vocation 職業

ひとこと → 5&6

permanent /pə́ːmənənt/
形 永続する、永久の、常設の

Gloria was very pleased to be offered a **permanent** position with the firm.
グロリアは会社で恒久的な地位を提供され、とても喜んだ。

派生語 permanently 副 永続的に
類語 lasting 持続的な　eternal 永遠の

204

exchange rate 為替レート

The **exchange rate** has caused investors to move their money overseas.
為替レートは投資家たちが海外にお金を移動させる原因となった。

類語 exchange market 為替市場
　　　　currency 通貨

circulate /sɜ́ːkjʊlèɪt/ 動 流通する、配布する、行きわたる

The document was **circulated** and attendees started reading it.
文書が回覧され、参加者はそれを読み始めた。

派生語 circulation 名 流通、発行部数
類語 distribute 配布する　spread 広がる

forward /fɔ́ːrwərd/ 動 転送する、送る

Please **forward** me the report as soon as the first draft is done.
最初の草稿ができたら、すぐに報告書を私に送ってください。

派生語 forward 形 前方の
類語 pass on... …に伝える

ひとこと パート1を除く全パートで使われる

domestic /dəméstɪk/ 形 国内の、国産の、家庭の

People seem to prefer products that are made in **domestic** facilities.
人々は国内施設で製造された製品のほうを好むようだ。

派生語 domestically 副 国内で、家庭的に
類語 internal 国内の

ひとこと → 2&3,4

recommendation /rèkəməndéɪʃən/ 名 推薦、推薦状

Applications must be accompanied by a **recommendation** from your manager.
応募には上司からの推薦状が添えられていなければならない。

派生語 recommend 動 推薦する　recommendable 副 推薦できる
類語 referral 照会、推薦　reference （信用）照会先

ひとこと → 4

第5章 Part 7で出る単語はこれ！ 読解問題を解くのに欠かせない251語

memorandum /mèmərǽndəm/
名 社内連絡メモ、連絡、覚書

A **memorandum** was distributed to all employees last Friday.
先週の金曜日に従業員全員に連絡書が配布された。

派生語 **memo** 名 メモ
類語 **note** メモ　**message** 伝達

shortage /ʃɔ́ɚtɪdʒ/
名 不足、欠点、欠陥

Due to a **shortage** of grain, the price of bread has increased dramatically.
穀物不足により、パンの価格が劇的に上昇した。

派生語 **short** 形 不足して
類語 **insufficiency** 不足

petroleum /pətróʊliəm/
名 石油

He started his career in **petroleum** and later moved into clean energies.
彼の仕事は石油から始まり、後にクリーンエネルギーに移った。

類語 **crude oil** 原油
　　　gas ガソリン

textile /tékstaɪl/
名 織物、布地

The region has many **textile** industries because of the availability of labor.
労働力に恵まれているため、その地域には多くの繊維業者がいる。

類語 **fabric** 織物
　　　fiber 繊維

ひとこと → 4

fabric /fǽbrɪk/
名 布地、織物

The new **fabric** is lighter and dries much faster than the previous one.
新しい生地は前の生地より軽く、とても速く乾く。

類語 **textile** 布地
　　　cloth 布

florist /flɔ́:rɪst/
名 花屋、草花栽培者

Be sure to reserve your bouquet, as **florists** are often busy in that season.
花屋はその時期たいてい忙しいので、花束を予約するのを忘れないようにしてください。

類語 **gardener** 庭師、造園家

ひとこと → 4

beverage /bév(ə)rɪdʒ/
名 飲み物

The best-selling **beverage** this year was an organic tea from Taiwan.
今年最も売上の高かった飲み物は、台湾産有機栽培のお茶だった。

類語 **drink** 飲み物
liquor アルコール飲料

ひとこと → 2&3, 4

obligation /ὰbləgéɪʃən/
名 義務、責務、仕事

Please keep in mind that there is no **obligation** to participate in the event.
イベントへの参加は義務ではないことを覚えておいてください。

派生語 **oblige** 動 義務付ける、強いる
類語 **duty** 義務　**task** 仕事

thanks to …
…のおかげで、…の結果

Thanks to modern science, people are living longer and healthier lives.
現代科学のおかげで人々は長命で健康な人生を送っている。

類語 **owing to …** …のおかげで
due to …のせいで

ひとこと → 5&6

make progress
進展する、進歩する

It is difficult to **make progress** if we do not share the same objectives.
同じ目標を共有しなければ、前進するのは難しい。

類語 **advance** 前進する
go forward 前進する

ひとこと → 4

第5章 Part 7で出る単語はこれ！ 読解問題を解くのに欠かせない251語

in detail
詳しく、詳細に

We will present a solution to the problem **in detail** in tomorrow's meeting.
明日の会議でその問題の解決策を詳細に提示します。

ひとこと → 4

describe /dɪskráɪb/
動 描写する、記述する

Applicants were asked to **describe** themselves in 100 words or less.
応募者は100語以下で自分のことを表現するよう求められた。

派生語 description 名 描写、記述、説明書
類語 illustrate 描写する

ひとこと → 4

on average
平均して、概して

On average the region gets 80 centimeters of rainfall each year.
その地域では毎年平均80センチメートルの雨が降る。

類語 generally 概して
largely 大部分は

ひとこと → 5&6

stock exchange
証券取引所

The **stock exchange** will be closed on Monday due to the holiday.
祝日のため証券取引所は月曜日休業する。

類語 securities market 証券取引所
securities firm 証券会社

ひとこと → 2&3

custom /kʌ́stəm/
名 習慣、慣習

The **custom** of shaking hands originated in Europe as early as 500 BC.
握手の習慣は早くも紀元前500年にはヨーロッパに発している。

派生語 customary 形 慣習となっている
customarily 副 慣習的に 類語 practice 慣習

ひとこと
customsは「税関」の意味で使われることがある

effect /ɪfékt/
名 効果、影響、結果

Email has both positive and negative **effects** on our lifestyles.
電子メールは私たちの生活様式に、肯定的かつ否定的、両方の影響を及ぼす。

派生語 effective **形** 効果的な、有効な
類語 influence 影響

ひとこと → 2&3,4

observe /əbzə́ːv/
動 気が付く、観察する、よく見る

The manager **observed** a change in his subordinate's attitude.
マネージャーは部下の態度が変化したことに気が付いた。

派生語 observation **名** 気付くこと、所見、観察　observance **名** 順守
類語 notice 気が付く　discover 気が付く

ひとこと 「観察する」の意味でもよく使われる。 → 4

decline /dɪkláɪn/
動 断る、低下する、下落する

The student **declined** to work during the holidays although the pay was good.
給与はよかったが、その学生は休暇期間中に働くことは断った。

派生語 decline **名** 断り、減少、下降
類語 reject 断る　turn down 断る

ひとこと 「低下する」の意味でも使われる。名詞 **decline** はパート5でも出題される

reject /rɪdʒékt/
動 退ける、拒否する

Inspectors must **reject** any products that do not pass the prescribed tests.
検査官は規定の試験を通っていない製品はすべて退けなければならない。

派生語 rejection **名** 却下、拒否
類語 resist 退ける　turn down 断る

ひとこと → 4

fund /fʌ́nd/
名 資金、基金

A **fund** was set up to compensate victims of the disaster.
災害被災者に補償するため、基金が設立された。

派生語 funding **名** 財政的支援
類語 capital 資本金　reserve 準備金

ひとこと → 2&3,4

第5章 Part7で出る単語はこれ！ 読解問題を解くのに欠かせない251語

209

board of directors
取締役会、役員会

The plan cannot be implemented until the **board of directors** approves.
その計画は取締役会が承認するまで実行できない。

類語 management 経営陣

ひとこと 省略形の **board** が使われることも多い

attempt /ətém(p)t/
名 試み、企て、努力

The student failed to pass the test on the first **attempt**, but succeeded the second time.
その生徒は最初の試みでは試験に落ちたが、二度目は成功した。

派生語 attempt 動 試みる、企てる
類語 endeavor 努力　try 試み

advertisement /ædvɚtáɪzmənt/
名 広告、宣伝

The **advertisement** will appear in the morning paper.
その広告は朝刊に掲載される。

派生語 advertise 動 宣伝する
類語 promotion 販売促進　commercial コマーシャル

ひとこと → 2&3,4

manufacturer /mæn(j)ʊfæktʃ(ə)rɚ/
名 製造業者、メーカー

Some **manufacturers** have begun to offer longer warranties on products.
いくつかのメーカーは製品のより長い保証を提供し始めた。

派生語 manufacture 動 製造する、製作する
類語 maker 製造業者

ひとこと → 4

reorganize /riːɔ́ɚɡənàɪz/
動 再編成する、改組する

The new management said that it would **reorganize** all the divisions.
新しい経営陣は部署をすべて再編成すると言った。

派生語 organize 動 編成する、組織化する
類語 shake up 再編成する　reshuffle 改造する

ひとこと → 2&3,4

maintain /meɪntéɪn/
動 維持する、続ける、保つ

The company plans to **maintain** its stance on allowing staff flexible hours.
会社は、従業員がフレックスタイムで働くことを許す立場を維持する予定だ。

派生語 **maintenance** 名 維持すること、保守
類語 **keep** 保つ　**preserve** 保つ

ひとこと → 2&3,4

enclose /ɪnklóʊz/
動 同封する、囲む

Please **enclose** your résumé and references in the blue envelope.
履歴書と照会先を青い封筒に同封してください。

派生語 **enclosure** 名 同封(物)　**enclosed** 形 同封の
類語 **include** 同封する　**attach** 添付する

ひとこと
パート7では動詞以外に名詞、形容詞ともに使われる

legal /líːg(ə)l/
形 法律の、法律上の

The team of **legal** experts gathered to discuss what risks were involved.
法律の専門家チームが集まり、どのようなリスクがあるかを議論した。

派生語 **legally** 副 法律的に
類語 **legitimate** 合法的な　反意語 **illegal** 非合法的な

environment /ɪnváɪ(ə)rə(n)mənt/
名 環境、周囲の状況

The company claimed that the product would not harm the **environment**.
その会社は製品が環境に害を及ぼすことはないと主張した。

派生語 **environmental** 名 環境の
類語 **surroundings** 環境　**setting** 環境

ひとこと → 4

shareholder /ʃéɚhòʊldɚ/
名 株主

The **shareholders** gathered to listen to a speech by the new CEO.
新任のCEOのスピーチを聞くために株主らは集まった。
類語 **stockholder** 株主
stakeholder 利害関係者

ひとこと ➡ 4

journal /dʒɚ́ːnl/
名 専門誌、定期刊行物

According to the medical **journal**, taking a short nap increases productivity in the afternoon.
その医学専門誌によると、短時間の昼寝は午後の生産性を高める。
類語 **periodical** 定期刊行物　**bulletin** 会報

voucher /váʊtʃɚ/
名 クーポン券、割引券、引換券

The hotel gave **vouchers** to their guests to use on their next stay.
ホテルは宿泊客に次回滞在するときに使うようにと割引券を配った。
類語 **coupon** クーポン券
discount 割引

ひとこと 「近い意味の語を問う問題」で**voucher**と**coupon**の同義性が問われたことがある

ambassador /æmbǽsədɚ/
名 大使

The keynote speaker is the former **ambassador** from the United Kingdom.
基調演説者は元英国大使である。
類語 **embassy** 大使館
diplomat 外交官

mayor /méɪɚ/
名 市長、町長

The **mayor** of Dayton announced that he would not run in the next election.
デイトン市長は次の選挙に立候補しないと発表した。
派生語 **mayoral** 形 市長の
類語 **governor** 知事

code /kóʊd/
名 規約、規則

When the fire **code** is amended, many companies will make upgrades.
防火規則が修正されれば、多くの企業が改良品を製作する。

類語 ▶ **regulation** 規則
　　　 constitution 規約

ひとこと ➡ 2&3

reference /réf(ə)rəns/
名 (履歴書などの)照会先、参照、言及

Candidates will be asked to provide at least three **references** when applying.
候補者は応募するときに少なくとも3通の照会先を提出するように求められます。

派生語 ▶ **refer** 動 照会する　**referral** 名 照会
類語 ▶ **inquiry** 問い合わせ

ひとこと 求人に応募する際に求められる **reference** と **recommendation** は別のもの

fee schedule
料金体系

Please find the updated **fee schedule** in the attached file.
添付のファイルにある最新の料金体系をご覧ください。

類語 ▶ **pricing list** 料金表

ひとこと ビジネス必須単語 ➡ 5&6

assure /əʃʊ́ɚ/
動 (人に)確信させる、(人を)安心させる

Management **assured** staff that the issue would not disrupt business.
経営者は従業員に対しその問題が事業を混乱させるようなことはないと断言した。

派生語 ▶ **assurance** 名 確信、保証　**assured** 形 確信した、安心した
類語 ▶ **reassure** 安心させる

natural resources
天然資源

The region is known for its **natural resources** and harsh winters.
その地方は天然資源と厳冬で知られている。

類語 ▶ **energy resources** エネルギー資源
　　　 renewable resources 再生可能資源

ひとこと ➡ 4

213

warning /wɔ́ːnɪŋ/
名 警告、注意

The company was given a **warning** about its unfair pricing policies.
その会社は不当な価格設定方針について警告を受けた。

派生語 **warn** 動 警告する
類語 **alarm** 警告

ひとこと → 4

encounter /ɪnkáʊntɚ/
動 直面する、偶然出会う

The company **encountered** many troubles and difficulties in its early years.
その会社は創業して間もない頃はたくさんの問題や困難に直面した。

類語 **face** 直面する

compose /kəmpóʊz/
動 構成する

The consulting team is **composed** of engineers and computer experts.
コンサルタントチームは技術者とコンピューターの専門家で構成されている。

派生語 **composition** 名 構成
類語 **consist of...** …から成る　**comprise** 構成する

ひとこと **be composed of...** の形で使われることも多い

collaborate /kəlǽbərèɪt/
動 協力する、合作する

Work on the project will proceed much faster if teams **collaborate**.
もしチーム同士が協力すれば、プロジェクトの作業はもっと速く進む。

派生語 **collaboration** 名 協同、協力　**collaborative** 形 協同の、協力的な
類語 **cooperate** 協力する

ひとこと → 4

questionnaire /kwèstʃənéɚ/
名 アンケート、質問表

Guests were asked to take a few minutes to fill out a **questionnaire**.
客はアンケートに答えるために2、3分割くように頼まれた。

類語 **survey** 調査、アンケート
　　 inquiry 質問、調査

ひとこと → 2&3

remark /rɪmάːrk/
名 所見、意見、コメント

The union leader's **remark** caused the decline of stock prices.
労働組合の指導者の所見は株価の下落を引き起こした。

派生語 remark 動 言う、述べる
類語 observation 所見　statement 発言、意見

justify /dʒʌ́stəfὰɪ/
動 正しいとする、正当化する

The proposal was denied, as the board could not **justify** the investment.
取締役会は投資を正当化することができず、その提案は認められなかった。

派生語 justification 名 正当化
類語 validate 正当性を立証する

ひとこと → 5&6

adapt /ədǽpt/
動 適応させる、合わせる

The new employee had a hard time **adapting** to the new work environment.
その新入社員は新しい労働環境に適応するのに苦労した。

派生語 adaptation 名 適応、順応
類語 accommodate 適応させる

strengthen /stréŋ(k)θ(ə)n/
動 強くする、強化する

Making compromises was intended to **strengthen** relations and build trust.
譲歩は関係を強化し信用を築くことを目的としていた。

派生語 strength 名 強さ、力
類語 enhance 強化する　reinforce 強化する

quantity /kwάnṭəṭi/
名 量、数量

People who love food agree that quality is more important than **quantity**.
食べ物が好きな人は量よりも質が大切であることに賛同する。

派生語 quantitative 形 量の
類語 amount 量

第5章　Part 7で出る単語はこれ！　読解問題を解くのに欠かせない251語

initial /ɪníʃəl/
形 始めの、最初の

It is rare for an executive to accept the **initial** salary offer.
最初に提示された給与を重役が受け入れるのは珍しい。

派生語 initiate 動 始める　initially 副 始めに
類語 primary 最初の　foremost 一番最初の

primary /práɪmeri/
形 主要な、最も重要な、最初の

The **primary** reason for its success is attributed to its user-friendliness.
成功の第一の理由は、利用者本位であることに起因すると考えられている。

派生語 primarily 副 主として、最初に　prime 名 全盛期
類語 essential 最も重要な

advanced /ədvǽnst/
形 進んだ、進歩した、高等な

She teaches an **advanced** class in economics to college students every Saturday.
彼女は毎週土曜日に経済学の上級クラスを大学生に教えている。

派生語 advance 動 進む
類語 progressive 進歩した

ひとこと advanced country「先進国」や advanced economy「先進経済」なども覚えておこう

dedicated /dédɪkèɪtɪd/
形 打ち込んでいる、献身的な

The company has been **dedicated** to serving the community for a decade.
その会社は、10年間地域社会に奉仕することに捧げてきた。

派生語 dedication 名 献身　dedicate 動 献身する
類語 committed 専心している　devoted 献身的な

ひとこと → 4,5&6

desirable /dɪzáɪ(ə)rəbl/
形 望ましい、好ましい

The company is looking for a more **desirable** location for its retail outlet.
その会社は自社の小売店のためにより望ましい立地を探している。

派生語 desire 名 切望、欲望／動 望む
類語 preferable 望ましい

ひとこと → 4

fulfill /fʊlfíl/
動 履行する

The client claimed that we failed to **fulfill** the terms of the agreement.
その取引先は我々が契約の条件を履行していないと主張した。

類語 carry out 実行する
execute 実行する

authorize /ɔ́:θərɑ̀ɪz/
動 権限を与える、公認する

Receipt of payment must be verified before staff can **authorize** a refund.
職員が返済を認可できるようにするには、支払の受領を証明する必要がある。

派生語 authorization 名 権限を与えること　authorized 形 認可された、公認された
類語 entitle 権利を与える　empower 権限を持たせる

possess /pəzés/
動 持つ、所有する

If you **possess** the above-mentioned qualities, please apply for the job.
上記の資質を有するのならば、その仕事に応募してください。

派生語 possession 名 所有
類語 own 所有する

dispatch /dɪspǽtʃ/
動 発送する

Charitable organizations **dispatched** supplies to the site after the storm.
嵐の後、慈善団体が現地に向けて物資を発送した。

派生語 dispatcher 名 発送係
類語 ship 輸送する　forward 送る

accommodation /əkɑ̀məděɪʃən/
名 宿泊施設、収容設備

Be sure to register early so that your **accommodations** can be arranged.
宿泊施設の手配ができるように、早めに登録するようお気を付けください。

派生語 accommodate 動 宿泊させる、適応させる
類語 lodging 宿泊施設

ひとこと ➡ 2&3, 4

第5章 Part 7で出る単語はこれ！　読解問題を解くのに欠かせない251語

217

welfare /wélfèɚ/
名 幸福な生活、福利、繁栄

The politician stated that he would work hard for the **welfare** of the elderly.
その政治家は高齢者の福利のために一生懸命働くと言明した。

類語 **prosperity** 繁栄
well-being 幸福

hardly /hάɚdli/
副 ほとんど…ない

Organizers were worried when **hardly** anyone signed up for the session.
講習会にほとんど誰も申し込まなかったとき、主催者は心配になった。

類語 **barely** ほとんど…ない
scarcely ほとんど…ない

barely /béɚli/
副 かろうじて、やっと、ほぼ

I **barely** finished completing the report before the deadline.
かろうじて締め切り前に報告書を完成した。

類語 **scarcely** かろうじて

machinery /məʃíːn(ə)ri/
名 機械装置、機械類、機器

New **machinery** is needed if the plant wants to keep its current output.
工場が現在の生産量を維持したいのであれば、新しい機械が必要だ。

派生語 **machine** 名 機械
類語 **apparatus** 機器　**gear** 装置

ひとこと → 1,4

reverse /rivɚ́ːs/
形 反対の、裏側の

Please turn to the **reverse** side of this page for further information.
詳細についてはこのページをめくった裏側をご覧ください。

派生語 **reverse** 動 逆にする
類語 **contrary** 逆の　**opposite** 逆の

☐ tailor /téɪlɚ/
動 合わせて作る、調整する

The company was popular because it could **tailor** services for almost any client.
その会社は、およそどのような客にも合わせてサービスできたので人気があった。

類語 customize 注文に応じて作る

☐ found /fáʊnd/
動 設立する、創設する

The company was **founded** as LT Inc., but the name was later changed.
その会社は LT Inc. として設立されたが、後に名称が変わった。

派生語 foundation **名** 基金 founder **名** 創立者
類語 establish 設立する set up 設立する

ひとこと 名詞の **founder** はパート5でも出題する。➡ 4

☐ in case
万が一…の場合には

In case payment is not made by this weekend, your reservation will be cancelled.
今週末までにお支払いにならない場合、予約は取り消されます。

類語 in case of... …の場合には

ひとこと ➡ 5&6

☐ range /réɪndʒ/
名 範囲、幅、領域

The age **range** of the respondents was between 15 and 20 years old.
アンケート回答者の年齢は 15 歳から 20 歳までの範囲の中にあった。

派生語 range **動** （範囲などが）及んでいる
類語 extent 範囲 reach 届く範囲

☐ indicate /índɪkèɪt/
動 指し示す、（暗に）示す

The speaker warned that past results did not **indicate** future returns.
講演者は、過去の結果は未来の収益を示すものではないと警告した。

派生語 indication **名** 暗示、指摘
類語 suggest 暗示する point out 指し示す

ひとこと パート7の設問文でも使われる。➡ 2&3,4

第5章 Part 7で出る単語はこれ！ 読解問題を解くのに欠かせない251語

inspire /ɪnspáɪɚ/
動 鼓舞する、感激させる

The author claimed that most of her work was **inspired** by her parents.
作品のほとんどは両親に刺激を受けたものだと著者は主張した。

派生語 inspiration 名 鼓舞、霊感
inspiring 形 鼓舞する、感激させる

ひとこと 形容詞の **inspiring** はリスニングセクションでも使われる。 ➡ **2&3**

refer /rɪfɚ́ː/
動 参照する、言及する、照会する

Please **refer** to page 16 of the handout for more detailed information.
さらに詳しい情報につきましては、お配りした資料の 16 ページを参照してください。

派生語 reference 名 参照、言及
類語 cite 引き合いに出す　touch （話題に）触れる

foresee /fɔɚsíː/
動 予見する、予知する

Nobody could **foresee** the economic crisis coming except for a few analysts.
ごく少数のアナリストを除き、誰も経済危機が訪れることを予見することはできなかった。

派生語 foreseeable 形 予見できる、予測できる
類語 anticipate 予想する　predict 予測する

prove /prúːv/
動 （…であると）わかる、証明する

The tests at the lab **proved** that a new virus had been born.
実験室でのテストは、新種のウイルスが生まれたことを証明した。

派生語 proof 名 証拠
類語 turn out …であるとわかる　demonstrate 実証する

ひとこと ➡ **4,5&6**

donation /doʊnéɪʃən/
名 寄付、寄贈

Please note that any **donation** to the charity is tax deductible.
慈善事業への寄付金はすべて課税控除であることにご注意ください。

派生語 donate 動 寄付する
類語 contribution 寄付

ひとこと contribution もよく使われる

earnings /ə́:nɪŋz/
名 所得、給料、収益

He increased his **earnings** by working two jobs on the weekends.
彼は週末、2つの職に就くことで収入を増やした。

派生語 earn 動 得る、稼ぐ
類語 income 所得

bond /bάnd/
名 債券、結束

The corporate **bond** was downgraded to a double-A rating.
社債はAAの格付けに格下げされた。

類語 certificate 証明書、株券

ひとこと corporate bond は「社債」、government bond は「国債」

urge /ə́:dʒ/
動 促す、要請する

He **urged** the company to sign the contract and close the deal.
彼は契約に署名して取引を成立させるように会社を促した。

類語 encourage 促す
prompt 促す

ひとこと → 2&3, 4

pending /péndɪŋ/
形 未決定の、未解決の、切迫した

The decision on whether to go ahead is **pending** indefinitely.
先に進めるかどうかの決定は無期限に保留されている。

類語 unsettled 未解決の

relative to...
…に関連して、…と比較して、…の割に

She started her speech with matters **relative to** the upcoming tax increase.
彼女は来るべき増税に関連した話題で演説を始めた。

派生語 relation 名 関連、関係
類語 related to... …に関連する

ひとこと → 5&6

screen /skríːn/
動 審査する、選抜する

Screening for qualified applicants is a very time-consuming procedure.
条件を満たした候補者を選考することはとても時間を要する作業である。

派生語 **screening** 名 ふるい分け、審査
類語 **sort** 選別する　**select** 選抜する

ひとこと → 4

conclude /kənklúːd/
動 結論を下す、終える

The researchers **concluded** that they had succeeded in developing a new medicine.
研究者たちは新薬の開発に成功したと結論を下した。

派生語 **conclusion** 名 結論
類語 **resolve** 決議する

ひとこと → 4

in the case of...
…の場合は、…について言えば

In the case of an emergency, please contact the security guard.
緊急の場合には、警備員に連絡してください。

ひとこと → 4

aside from...
…は別として、…の他に

The area was quiet **aside from** the occasional car passing by.
時々通る車は別として、その地域は静かだった。

類語 **apart from...** …とは別に
反意語 **besides** 加えて

fiscal year
会計年度、営業年度

The company is expected to double its profits this **fiscal year**.
その会社は、本会計年度で収益が倍になる見込みである。

類語 **budget year** 会計年度

ひとこと
会計レポート必須単語

financial statements　財務諸表、決算書類

Investors were sent the latest **financial statements** by email.
投資家らにはＥメールで最新の財務諸表が送られた。

類語 bank statement 銀行取引明細書
　　　 account statement 取引明細書

ひとこと → 2&3,4

debt /dét/　图 負債、借金、借り

The company has been struggling to reduce **debt** by limiting expansion.
業務の拡大を制限することで負債を減らすよう、会社は奮闘している。

類語 loan 貸付金、融資
　　　 borrowing 借金

assets /ǽsets/　图 資産、財産、強味

It will take several months to liquidate **assets** held overseas.
海外の資産を清算するのには数ヵ月かかる。

類語 fortune 財産

designate /dézɪgnèɪt/　動 示す、明示する、指名する

Conference organizers asked each company to **designate** a contact person.
会議の主催者は各企業に対し、連絡係を指名するよう求めた。

派生語 designated 形 指定された
類語 name 指名する

ひとこと 形容詞の **designated** はパート5で出題される。
→ 4

in reference to...　…に関して、…に関連して

The statement was made **in reference to** ongoing issues with suppliers.
供給業者との進行中の問題に関してその発言がなされた。

類語 in regard to... …に関して
　　　 in relation to... …に関して

classified ad
(新聞などの)案内広告

There has been a downward trend in the price of **classified ad** space.
案内広告欄の料金は下落傾向にある。

類語 want ad 求人広告

emerge /ɪmɚ́ːdʒ/
動 現れる、台頭する

It is unclear which company will **emerge** as the industry leader.
業界の指導者としてどの会社が頭角を現すかは不明だ。

派生語 emergence 名 台頭
類語 appear 現れる　arise 台頭する

ひとこと　「新興国」のことを emerging country と言う

outcome /áʊtkʌm/
名 結果、成果

The **outcome** of the study showed how customers were satisfied.
調査の結果は顧客がどのように満足しているかを示していた。

類語 result 結果
　　　　consequence 結果

evident /évədnt/
形 明白な、明らかな

It is **evident** that the company's profit will decline significantly this year.
会社の利益が今年は著しく落ちることは明らかである。

派生語 evidence 名 証拠
類語 obvious 明白な

ひとこと → 4

objective /əbdʒéktɪv/
名 目標、目的

The primary **objective** of the survey is to understand customer satisfaction.
調査の第一の目的は顧客満足度を知ることにある。

類語 target 目標
　　　　aim 目的

ひとこと → 4,5&6

assume /əsúːm/
動 想定する、憶測する

You should never **assume** anything when meeting new people.
新しい人に会うときは何も憶測してはいけない。

派生語 assumption 名 想定、仮定　　assumable 形 想定できる、仮定できる
類語 presume 推測する

patron /péɪtrən/
名 ひいき客、顧客、後援者

As a loyal **patron**, we are happy to offer you additional discounts.
忠実なお得意様として、さらに割り引かせていただきます。

派生語 patronage 名 ひいき
類語 regular 常連客　　sponsor 後援者

ひとこと patron, patronage ともにビジネス必須単語

household /háʊshòʊld/
形 家庭（用）の、日常の

Household spending was down despite an increase in wages.
賃金が上昇しているにもかかわらず、家計の支出は下がった。

派生語 household 名 世帯、家族
類語 domestic 家庭の

ひとこと → 4

appliance /əpláɪəns/
名 器具、設備

Electrical **appliances** have been discounted by as much as 20 percent.
電気製品が最大20%も割り引きになっている。

類語 device 機器

ひとこと electric appliance での使用も多い。→ 4

turn down
却下する、断る

Future promotions may be difficult if you decide to **turn down** the offer.
その申し出を断ると決めたら、将来、昇進は難しいだろう。

類語 decline 断る
　　　　reject 拒否する

225

turn around
好転させる、立て直す、向きを変える

Investors are hoping that the company will **turn around** with the new president.
投資家らは、新しい社長によって会社の業績が好転することを願っている。
類語 pick up (景気などが)上向く　look up (景気などが)上向く

ひとこと → 2&3,4

alter /ɔ́:ltɚ/
動 変える、変更する

We cannot **alter** the terms of the contract after it has been signed.
署名後は、契約条件を変更することはできない。
派生語 alternative 名 代替案　alteration 名 変更すること
類語 modify 修正する　change 変更する

ひとこと パート2&3で名詞の **alteration** が「寸法直し」の意味で使われることがある

clarify /klǽrəfàɪ/
動 明らかにする、明らかになる

The committee was asked to **clarify** some points before a vote was held.
投票が始まる前に委員会はいくつかの点を明確にするよう求められた。
派生語 clarification 名 明確化
類語 make clear はっきりさせる

element /éləmənt/
名 要素、要件

The young entrepreneur said that the key **element** to success is hard work.
その若い起業家は、成功の鍵となる要素は勤勉であると言った。
類語 component 要素

biography /baɪɑ́grəfi/
名 経歴、伝記

The scientist's **biography** includes a year of study at Kyoto University.
その科学者の経歴には、京都大学で1年間研究したことが含まれている。
類語 autobiography 自伝

ひとこと 省略形の **bio** で使われることもある

critic /krítɪk/
名 批評家、評論家

Many **critics** loved the new movie and are giving good reviews.
多くの評論家がその新しい映画を気に入り、良い評価を与えている。

派生語 **criticism** 名 批評、批判　**criticize** 動 批評する
類語 **reviewer** 評論家

manuscript /mǽnjʊskrìpt/
名 原稿、草稿、文書

The **manuscript** of the renowned writer sold for an incredible price.
その著名な作家の原稿は信じられない価格で売却された。

類語 **writing** 著作物
　　　　script 原稿

publicize /pʌ́bləsàɪz/
動 公表する、広告する

The council needs to **publicize** the event and improve its ties with citizens.
イベントを広く知らせて、住民とのつながりを改善する必要が議会にはある。

派生語 **public** 名 市民、一般人／形 市民の、公衆の
類語 **announce** 公表する　**advertise** 広告する

bankruptcy /bǽŋkrʌp(t)si/
名 倒産、破産

The release of the mini van helped the company avoid **bankruptcy**.
ミニバンの発売は会社の倒産を回避するのに役立った。

派生語 **bankrupt** 形 破産した
類語 **failure** 倒産　**insolvency** 破産

faithful /féɪθf(ə)l/
形 忠実な、誠実な、信頼のおける

Mr. Ming was honored with an award for his **faithful** service.
ミン氏は忠実な勤務により賞を授かる栄誉に輝いた。

派生語 **faith** 名 信じること
類語 **loyal** 忠実な　**dependable** 信頼できる

certified /sɚ́ːtəfɑɪd/
形 公認の、証明された

Only **certified** accountants will be considered for the position.
有資格の会計士だけがその職に就く検討対象となる。

派生語 **certificate** 名 証明書、認可証　**certification** 名 証明
類語 **authorized** 公認の　**qualified** 資格のある

ひとこと → 4

tuition /t(j)uíʃən/
名 授業料

The **tuition** fees for the girl will be covered by the foundation from March next year.
その少女の授業料は来年の3月から基金によって負担される。

ひとこと → 2&3

resolve /rɪzɑ́lv/
動 解決する、(…しようと)決心する

If the issue cannot be **resolved** today, the deadline will be delayed.
今日中にその問題を解決できなければ、締め切りが伸ばされる。

派生語 **resolution** 名 解決策
類語 **work out** (問題などを)解決する

prohibit /proʊhíbɪt/
動 禁止する、妨げる

Federal law **prohibits** people from smoking in the hospital.
連邦法により、病院での喫煙は禁止されている。

派生語 **prohibition** 名 禁止
類語 **forbid** 禁止する　**ban** 禁止する

ひとこと
prohibit A from B の形で使われることが多い。
→ 4

rely on...
…を頼りにする、…を信頼する

Most people in the region **rely on** natural gas to heat their homes.
その地域のほとんどの人は、家の暖房は天然ガスに頼っている。

派生語 **reliance** 名 頼りにすること
類語 **depend on...** …に頼る　**count on...** …に頼る

respondent /rɪspɑ́ndənt/
名 応答者、回答者

Thirty percent of **respondents** indicated that they were not satisfied.
回答者の30%が満足していないことを示した。
- 派生語 **response** 名 返答、回答　**respond** 動 応答する
- 類語 **opinion poll** 世論調査

ひとこと → 4,5&6

wholesaler /hóʊlsèɪlɚ/
名 卸売業者

Many textile **wholesalers** have relocated to this area.
多くの繊維卸売業者がこの地域に移転してきた。
- 派生語 **wholesale** 名 卸売り　**wholesale** 形 卸売りの
- 類語 **distributor** 販売業者　**retailer** 小売業者

ひとこと → 4

auditor /ɔ́ːdəṭɚ/
名 会計検査官、監査役

The **auditor** will visit our company to check our accounting figures tomorrow.
明日、当社の経理の数字を検査するために監査人が会社を訪れる。
- 派生語 **audit** 動 会計監査する

subscribe /səbskráɪb/
動 定期購読する、予約購読する

You will save 40 percent of the cover price if you **subscribe** for two years.
2年間定期購読すれば、定価の40%引きになります。
- 派生語 **subscription** 名 定期購読　**subscriber** 名 定期購読者
- 類語 **take** 購読する

ひとこと → 4

classify /klǽsəfàɪ/
動 分類する

Applicants were **classified** into two categories to improve efficiency.
効率を上げるため、応募者は2つのカテゴリーに分類された。
- 派生語 **classification** 名 分類
- 類語 **categorize** 分類する　**sort out** 分類する

assess /əsés/
動 評価する、査定する

The team was hired to **assess** the company's exposure to risk.
そのチームは会社のリスクの負担を査定するために雇われた。
- 派生語 **assessment** 名 評価
- 類語 **value** 評価する **appraise** 評価する

fatal /féɪtl/
形 致命的な、重大な、決定的な

Not following safety procedures can lead to **fatal** mistakes.
安全手順に従わないことは致命的なミスにつながる。
- 派生語 **fatality** 名 死亡者(数)
- 類語 **crucial** 重大な

withstand /wɪθstænd/
動 よく耐える、持ちこたえる

The new fabric can **withstand** temperatures of up to 150 degrees Celsius.
その新しい生地は150℃の温度まで耐えることができる。
- 類語 **stand up** 持ちこたえる **endure** 耐える

ひとこと → 5&6

motivated /móʊṭəveɪṭɪd/
形 動機付けられた、やる気のある

In order to keep staff **motivated**, the company offers long holidays twice a year.
従業員の士気を維持するために、会社は年2回長い休暇を与えている。
- 派生語 **motivate** 動 動機付ける **motivation** 名 動機
- 類語 **inspired** 刺激を受けた、触発された

stable /stéɪbl/
形 安定した、ゆるぎない

Domestic prices remained **stable** despite fluctuations in global markets.
世界市場の変動にもかかわらず、国内の物価はずっと安定していた。
- 派生語 **stability** 名 安定(性)
- 類語 **steady** 堅実な 反意語 **unstable** 不安定な

ひとこと
経済状況や市場の動向を表す場合にもよく使われる

assembly /əsémbli/

名 集まり、会合、組み立て

A general **assembly** was held to inform shareholders of expansion plans.
株主に拡張計画を知らせるため、総会が開かれた。

派生語 **assemble** 動 集める、集合させる

ひとこと
assembly line「組立ライン」という表現も時々使われる

remainder /rıméındɚ/

名 残りの物、余り

The **remainder** of the class was spent doing experiments at the lab.
クラスの残りの時間は実験室で実験することに使われた。

派生語 **remain** 動 残る
類語 **rest** 残りのもの　**balance** 残り

commemorate /kəmémərèıt/

動 祝う、記念する

The statue in the lobby **commemorates** the founder, Mr. Hughs.
ロビーにある像は創立者のヒューズ氏を記念している。

派生語 **commemoration** 名 記念
類語 **mark** 記念する

ひとこと
→ 2&3,4

concisely /kənsáısli/

副 簡潔に

A good writer can convey a story both accurately and **concisely**.
上手な文筆家は正確かつ簡潔に話を伝えることができる。

派生語 **concise** 形 簡潔な
類語 **briefly** 手短に　**in short** 手短に言うと

excess /ıksés/

名 超過、過剰

Please note that passengers will incur penalties for **excess** baggage.
乗客は重量超過手荷物について超過料金が課せられることにご注意ください。

派生語 **exceed** 動 超える、上回る　**excessive** 形 過度の
類語 **surplus** 黒字

vital /vάɪṭl/
形 きわめて重要な、肝要な

It is **vital** to keep your passport stored in a secure location.
パスポートを安全な場所に保管することはきわめて重要だ。

類語 essential 重要な
　　　　critical 重要な

sophisticated /səfístəkèɪṭɪd/
形 精巧な、高性能の、洗練された

The medical equipment was said to be the most **sophisticated** on the market.
その医療器具は、市場で最も高性能なものと言われていた。

派生語 sophistication 名 洗練、精巧さ
類語 refined 洗練された　complicated 複雑な

ひとこと → 4

remarkable /rɪmάɚkəbl/
形 注目すべき、驚くべき、著しい

Despite poor market conditions, sales of the product have been **remarkable**.
市場の状況が悪いにもかかわらず、製品の売上は注目に値する。

派生語 remarkably 副 著しく、非常に
類語 outstanding 傑出している　astonishing 驚くべき

ひとこと → 5&6

tendency /téndənsi/
名 傾向、風潮

There is a **tendency** to purchase additional life insurance after having children.
子どもができたあとは、追加で生命保険に加入する傾向がある。

派生語 tend 動 世話をする
類語 inclination 傾向

restrain /rɪstréɪn/
動 制止する、抑制する

The spokesperson **restrained** herself from responding to the question.
広報担当者はその質問に答えるのを控えた。

派生語 restraint 名 制止
類語 constrain 制約する　hold back 自制する

endanger /ɪndéɪndʒɚ/
動 危険にさらす、危うくする

Selling the division could **endanger** other areas of business.
その部門を売却することは事業の他の部門を危険にさらすことになるかもしれない。

派生語 endangered 形 危険にさらされた
類語 imperil 危険にさらす　　jeopardize 危険にさらす

> ひとこと
> 「絶滅の危機にある動植物」のことを endangered species と言う

amendment /əmén(d)mənt/
名 改正、修正

Each **amendment** was discussed in detail before it was presented.
各修正案は、提示される前に詳細に討議された。

派生語 amend 動 修正する
類語 modification 修正

> ひとこと
> make amendments（=amend）という表現がパート5で出題されている。
> → 4,5&6

rural /rʊ́(ə)rəl/
形 田舎の、農村の

Most of the produce is grown on farms in **rural** areas.
農産物のほとんどが、田舎の農場で栽培されている。

類語 rustic 田舎の
反意語 urban 都会の

remote /rɪmóʊt/
形 遠い、遠隔の、遠く離れた

The factory is located in a **remote** area, but it is easily accessible by train.
工場は遠隔地にあるが、電車で簡単に行くことができる。

類語 distant 遠い

> ひとこと
> → 4

itinerary /aɪtínərèri/
名 旅程、旅行計画

According to the **itinerary**, we will be making two stops along the way.
旅程によると、途中で2ヵ所に立ち寄ることになっている。

類語 timetable 時刻表
　　　　 travel plan 旅行計画

233

considerably /kənsídərəbli/
副 かなり、相当に

There were **considerably** fewer attendees at this year's staff excursion.
今年の社員旅行への参加者は以前よりかなり少なかった。

派生語 considerable 形 かなりの、相当な
類語 significantly かなり

ひとこと → 4,5&6

boost /bú:st/
動 押し上げる、増加させる

The tax incentives are expected to **boost** spending by roughly five percent.
税制上の優遇措置は消費を約5%上昇させると予想されている。

類語 increase 増加する

ひとこと
ビジネス関連のレポートでよく使われる

takeover /téɪkòʊvɚ/
名 買収、獲得

The clothes manufacturer is attempting a **takeover** of the textile company.
その服飾メーカーは繊維会社を買収しようとしている。

類語 buyout 買収
acquisition 買収

ひとこと
TOB「株式公開買い付け」は **takeover bid** の略

dividend /dívədènd/
名 配当金

The company was able to pay a **dividend** for the first time in 10 years.
その会社は10年ぶりに配当金を払うことができた。

派生語 divide 動 分け合う、分割する
division 名 分割、区分、部

phase /féɪz/
名 段階、状態、時期

Linda Walker will manage subsequent **phases** of the turnaround project.
リンダ・ウォーカーは再建計画の次の段階を監督する。

類語 stage 段階
period 時期

clue /klúː/
名 手がかり、ヒント

The professor gave us a big **clue** to solve the difficult question.
教授は私たちにその難問を解く大きなヒントをくれた。
類語 **tip** ヒント

define /dɪfáɪn/
動 限定する、定義する

It is difficult to **define** the exact cause of the trouble.
問題の正確な原因を特定することは難しい。
派生語 **definition** 名 定義
類語 **characterize** 特徴付ける

specify /spésəfàɪ/
動 明確に述べる、具体的に挙げる

The ingredients of the cupcakes are **specified** on the packaging.
カップケーキの材料は包装紙に明記されている。
派生語 **specification** 名 仕様書
類語 **spell out** 細かく説明する

ひとこと → 2&3,4

surplus /sə́ːplʌs/
名 余り、余剰、黒字

Trade **surplus** has increased by 30 percent over the last year.
過去1年で貿易黒字は30%増加した。
類語 **excess** 余り
反意語 **deficit** 赤字

coverage /kʌ́v(ə)rɪdʒ/
名 報道、補償範囲

The TV station will do special **coverage** on natural disasters next March.
そのテレビ局は今度の3月に自然災害についての特別報道を行う。
派生語 **cover** 動 報道する、(損失などを)償う、覆う
類語 **reporting** 報道

ひとこと 「補償範囲」という意味でも使われる

apparent /əpǽrənt/
形 明白な、明瞭な

It is **apparent** that upgrades to the facility will soon be needed.
施設の改良がじきに必要となることは明白だ。
- 派生語 **apparently** 副 見たところは（…らしい）
- 類語 **obvious** 明白な

furthermore /fɚ́ːðɚmɔ̀ɚ/
副 さらに、その上に

Furthermore, no one shall enter the area without proper authorization.
さらに、相応の許可なしにその地域へは誰も立ち入ってはならない。
- 類語 **moreover** さらに
  additionally 加えて

ひとこと → 4,5&6

periodical /pìˈ(ə)riɑ́dɪk(ə)l/
名 定期刊行物、雑誌

He became known for his articles that appeared in **periodicals**.
定期刊行物に掲載されている記事で彼は知られるようになった。
- 派生語 **period** 名 期間　**periodically** 副 定期的に
- 類語 **publication** 出版物

bid /bíd/
名 入札、付け値

All **bids** must be received no later than noon on Tuesday.
すべての入札は火曜日の正午までに受理されなければならない。
- 派生語 **bid** 動 入札する、値を付ける
  bidding 名 入札、競売

ひとこと → 5&6

collapse /kəlǽps/
名 （計画、事業などの）失敗

Due to the **collapse** of the company, many local businesses closed.
その会社の破綻により、多くの地元企業が廃業した。
- 派生語 **collapse** 動 破綻する、崩壊する
- 類語 **failure** 失敗

constitute /kάnstət(j)ùːt/
動 構成する、占める

Aged persons **constitute** a large part of the population.
高齢者は人口の大きな部分を占める。
派生語 constitution 名 構成、憲法
類語 comprise 構成する　make up 構成する、占める

vacate /véɪkeɪt/
動 明け渡す、立ち退く

Residents were forced to **vacate** their homes until the gas leak was repaired.
ガス漏れが修理されるまで、住民たちは家を空けさせられた。
派生語 vacancy 名 空き　vacant 形 空いている、空の
類語 evacuate 立ち退く

ひとこと → 4,5&6

auditorium /ɔ̀ːdətɔ́ːriəm/
名 講堂

The retirement ceremony will take place in the **auditorium** at 5 PM.
退職の式典は午後5時に講堂で行われる。
類語 lecture hall 講堂
　　　　ballroom 舞踏室

ひとこと → 4

unveil /ʌnvéɪl/
動 明らかにする、公にする

Automakers **unveiled** future car models at the annual car show.
自動車会社各社は、毎年行われるモーターショーで未来の車の姿を明らかにした。
類語 reveal 明らかにする　uncover 明らかにする
反意語 veil 動 隠す

distinguished /dɪstíŋ(g)wɪʃt/
形 著名な、抜群の

As a **distinguished** member of the community, he easily won the election.
地域社会の著名な一員として、彼は簡単に選挙で勝利した。
派生語 distinguish 動 区別する、識別する
類語 eminent 著名な　noted 有名な

tactics /tæktɪks/
名 戦術、策略、作戦

If the current strategy doesn't work, we will have to change **tactics**.
もし現在の戦略がうまくいかなかったら、戦術を変えなければならない。

類語 strategy 戦略
scheme 計画

precaution /prɪkɔ́ːʃən/
名 用心、警戒、予防措置

As a **precaution**, it is necessary to install antivirus software.
予防措置として、アンチウイルスのソフトをインストールする必要がある。

類語 safeguard 予防手段

resignation /rèzɪgnéɪʃən/
名 辞職、辞任、辞表

The announcement of Mr. Cho's **resignation** came as quite a surprise.
チョー氏の辞職の発表はかなりの驚きをもって伝えられた。

派生語 resign 動 辞職する
類語 leave （会社を）辞める

ひとこと
→ 4, 5 & 6

reluctant to...
…するのに気が進まない

She was **reluctant to** apply for the position because of her lack of experience.
彼女は経験がなかったのでその仕事に応募するのは気が進まなかった。

類語 unwilling to... …したくない　　hesitant 気が進まない

abundant /əbʌ́ndənt/
形 豊富な、あり余る

Job opportunities will become **abundant** when regulations are changed.
規制が変われば、仕事の機会は豊富になる。

派生語 abundance 名 豊富にあること
類語 plentiful 豊富な

affluent /ǽflu:ənt/
形 裕福な、富裕な、豊富な

Most of the attendees of the fund-raiser are **affluent** community members.
資金調達の催しへの参加者はほとんどが地域の富裕な人である。

類語 wealthy 裕福な
prosperous 裕福な

ひとこと
→ 4

subsidiary /səbsídièri/
名 子会社

The **subsidiary** was sold to improve the parent company's cash flow.
親会社の資金繰りを改善するために子会社が売却された。

反意語 parent company 親会社

affiliated company
関連会社、関係会社

An **affiliated company** made most of the graphics in the report.
報告書の画像はほとんど関連会社が作成した。

派生語 affiliation 名 提携、合併

acquisition /ækwəzíʃən/
名 買収、入手、獲得

Rumors of the **acquisition** were confirmed in today's press conference.
買収の噂は今日の記者会見で確認された。

派生語 acquire 動 獲得する、入手する
類語 takeover 買収   merger 合併

ひとこと
M&AのAはacquisitionを指す。
→ 4

transaction /trænzǽkʃən/
名 取引、商取引、（業務の）処理

The consultant has been involved in numerous M&A **transactions** in the past 10 years.
過去10年間、そのコンサルタントは多くの合併買収の取引に携わってきた。

派生語 transact 動 取引を行う、業務を行う
類語 dealing 取引   trade 商取引

ひとこと
ビジネス必須単語。
→ 4

239

undergo /ˌʌndɚˈɡóʊ/
動 経験する、受ける

The factory will **undergo** a series of tests in order to identify the problem.
工場は問題を特定するために一連のテストを受けることになる。

類語 go through... …を経験する
be subject to... …を受ける

ひとこと → 4

subsidy /sʌ́bsədi/
名 助成金、補助金

Farmers will receive **subsidies** from the government this winter.
農家は今年の冬、政府から補助金を受け取る。

派生語 subsidize 動 助成金を支給する
類語 (financial) aid 財政的援助　grant 助成金

fluctuate /flʌ́ktʃuèɪt/
動 変動する、上下する

The seafood menu doesn't include prices because the market **fluctuates**.
市場が変動するので、シーフードのメニューには価格が記載されていません。

派生語 fluctuation 名 変動、上下
類語 swing 変化する

ひとこと 株価や為替レートの変動などを表す際、金融関連で使われることが多い

prolong /prəlɔ́ːŋ/
動 延長する、長くする

The meeting was **prolonged** to be sure that all questions were answered.
すべての質問が答えられたことを確認するために会議は延長された。

類語 extend 延長する
lengthen 長くする

endorse /ɪndɔ́ɚs/
動 是認する、支持する

The proposal for the new product was **endorsed** at the monthly meeting.
新製品の提案書は月例会議で是認された。

派生語 endorsement 名 承認
類語 approve 承認する　support 支持する

facilitate /fəsílətèɪt/
動 容易にする、促進する

Having a distribution center will **facilitate** faster delivery of merchandise.
流通センターの設置は商品のより速い配送を促進する。

派生語 facilitator **名** 促進する人／物、司会者
類語 expedite 促進させる　promote 販売促進をする

prevail /prɪvéɪl/
動 普及する、広がる、打ち勝つ

Rumors **prevailed** that the well-established company would go bankrupt.
その老舗の会社が倒産するとの噂が広がった。

派生語 prevailing **形** 広く行き渡っている、流行する
類語 spread 普及する、広がる

surpass /səpǽs/
動 勝る、しのぐ

Although last year was a record in sales, this year is likely to **surpass** it.
昨年は売上の記録を出したが、今年はそれを上回りそうだ。

類語 excel しのぐ　outperform 勝る

adjacent /ədʒéɪsnt/
形 隣接した、近辺の

The meeting has been moved to the **adjacent** room because it is larger.
会議は、隣接するより広い部屋へ移動した。

類語 close to... …に近い

ひとこと
adjacent to...「…に隣接した」の表現も使われる。
→ 5&6

infer /ɪnfə́ː/
動 推察する、推測する

The researchers **inferred** from the meeting that their budget would be cut next year.
研究者たちは来年の予算が削られることを会議から推測した。

派生語 inference **名** 推測、推定
類語 speculate 推測する

ひとこと
パート3や7の設問文でも使われる

第5章 Part 7で出る単語はこれ！ 読解問題を解くのに欠かせない251語

241

faculty /fæk(ə)lti/
名 全教職員、(大学の)学部教授陣

Staff and **faculty** are asked to participate in the annual fund-raiser.
職員と教員は年に1度の資金調達の催しに参加するよう求められている。

類語 educational institution 教育機関
department 学部

entrepreneur /à:ntrəprənə́ː/
名 起業家、事業家

A seminar was planned to help **entrepreneurs** get started in business.
起業家が事業を始めるのを支援するためにセミナーが計画された。

派生語 entrepreneurship **名** 起業家精神
類語 enterpriser 企業家　proprietor 事業主

ひとこと ビジネス必須単語

apprentice /əpréntɪs/
名 見習、新米

He started working as an **apprentice** in the company 10 years ago.
彼は10年前にその会社で見習として働き始めた。

派生語 apprenticeship **名** 徒弟(期間/制度)
類語 amateur 素人、アマチュア

ひとこと → 4

utility /juːtíləti/
名 公共料金、公共施設、有用性

Payment for **utilities** is not included in the monthly rent.
毎月の家賃には公共料金の支払いは含まれていない。

派生語 utilize **動** 利用する、活用する
類語 public service 公共サービス

courtesy /kə́ːṭəsi/
名 礼儀正しいこと、丁寧

As a **courtesy** to all hotel guests, we are pleased to offer free parking.
当ホテルの宿泊客皆様への礼儀として、駐車場は無料でご使用できます。

類語 politeness 礼儀正しさ
good manners 礼儀

gratitude /ɡrǽṭət(j)ùːd/
名 感謝の気持ち、謝意

A tip is a way of expressing one's **gratitude** when good service is given.
チップは、優れたサービスを受けたときに謝意を表す一つの方法である。

類語 appreciation 感謝
gratefulness 感謝の気持ち

ひとこと express gratitude の形で使われることが多い。 ➡ 4

vendor /véndɚ/
名 売る人、商人

Each **vendor** will be asked to submit a proposal for pricing and delivery.
各販売者は価格設定と配送の提案書を提出するよう求められる。

派生語 vend 動 売る
類語 dealer 販売業者   merchant 商人

consistent /kənsístənt/
形 一致する、矛盾しない

The results of the latest test were **consistent** with the previous ones.
直近の検査の結果は前の結果と一致した。

派生語 consistency 名 一貫性
類語 coherent 一貫した   **反意語** inconsistent 名 一致しない

ひとこと be consistent with の形で使われることが多い

venue /vénjuː/
名 開催地、現場

A suitable **venue** for the event will have to be found by the end of the month.
月末までにイベントに適した開催地を見つけなければならない。

類語 scene 現場   site 現場

imply /ɪmpláɪ/
動 暗示する、ほのめかす

His response seemed to **imply** that more workers would be needed.
彼の反応は、もっと従業員が必要であると示唆しているようだった。

派生語 implication 名 含意、ほのめかし
類語 suggest 暗示する   indicate 示唆する

ひとこと パート7の設問文でも使われる

clause /klɔ́:z/
名 条項

A **clause** in the contract prevents work being done by a third party.
契約の条項は第三者により作業が行われることを禁じている。

類語 article 条項
stipulation 条項、規定

ratio /réɪʃoʊ/
名 比、比率

The company was severely criticized for its low **ratio** of female managers.
その会社は女性管理職の割合が低いことを厳しく批判された。

類語 proportion 割合
rate 比率

perspective /pɚ-spéktɪv/
名 見方、観点、視点

From our **perspective**, the development of the new technology is not so good.
われわれの見方では、新技術の開発はあまりよくない。

類語 viewpoint 観点   angle 観点

stimulate /stímjʊlèɪt/
動 刺激する、活気付ける

The government is looking at creative ways to **stimulate** the economy.
政府は景気を刺激する創造的な方法に目を向けている。

派生語 stimulation 名 刺激   stimulating 形 刺激的な
類語 energize 活気付ける

unless otherwise…
…でない限り

Please do not open the envelope **unless otherwise** instructed.
別段指示がない限り、封筒を開けないでください。

類語 as long as… …である限り

ひとこと
→ 5&6

skeptical /sképtɪk(ə)l/
形 懐疑的な、疑い深い

Investors are **skeptical** about whether the new management team will succeed.
新しい経営チームが成功するかどうかについて、投資家たちは懐疑的である。

派生語 skeptic 名 懐疑的な人／形 懐疑的な
類語 suspicious 疑わしい

ひとこと パート5で remain skeptical 「懐疑的なままだ」を問う問題が出題されている。　→ 5&6

consequently /kɑ́nsɪkwèntli/
副 その結果、したがって

The meeting with the client was cancelled, so **consequently** I could attend the office meeting.
顧客との会議が中止になったので、結果として社内会議に出席することができた。

派生語 consequent 名 結果 形 結果として起こる　consequence 名 結果
類語 subsequently その結果　accordingly その結果

→ 4,5&6

perceive /pɚsíːv/
動 考える、認知する、わかる

A company should carefully observe how consumers **perceive** its products.
企業は消費者が自社製品をどのようにとらえているかを丁寧に観察すべきだ。

派生語 perception 名 知覚、認知、理解(力)
類語 comprehend 理解する

impose /ɪmpóʊz/
動 課す、負わす

The government is deciding whether or not to **impose** a new tax.
新しい税を課すか課さないか、政府は決定しようとしている。

類語 levy 課す

ひとこと impose a fine「罰金を科す」という表現が使われることが多い。
→ 5&6

predecessor /prédəsèsɚ/
名 前任者

Frederick's **predecessor** was Thomas, who retired last June.
フレデリックの前任者は、この前の6月に定年退職したトーマスだ。

派生語 precede 動 前に来る、先行する
類語 replacement 後任者

ひとこと パート5で正解のキーワードとして使われたこともある。　→ 5&6

malfunction /mælfʌŋ(k)ʃən/
名 (機械などの)不調、機能不全

The **malfunction** was found in about 10 percent of the tested units.
検査をしたユニットの約10%に異常が見つかった。
- 類語 **breakdown** 故障
- 反意語 **function** 機能

fragile /frǽdʒəl/
形 壊れやすい、もろい

Each passenger should be asked if their bags contain any **fragile** items.
バッグの中に壊れやすい物が入っているかどうか、どの乗客にも確認するべきだ。
- 派生語 **fragility** 名 壊れやすさ
- 類語 **vulnerable** もろい　**delicate** もろい

flaw /flɔ́ː/
名 欠点、欠陥、不備

No **flaws** were found in the software that will be released next month.
来月発売されるソフトウェアに欠点は見つからなかった。
- 類語 **defect** 欠陥
- 反意語 **flawless** 形 欠点のない

deficit /défəsɪt/
名 不足(額)、欠損、赤字

Trade **deficit** increased after the government raised taxes.
政府が税金を上げてから、貿易赤字が増大した。
- 類語 **shortage** 不足
  shortfall 不足

incentive /ɪnséntɪv/
名 誘因、奨励(策)、報償(金)

The government introduced an **incentive** to decrease water usage.
政府は、水の使用量を減少させるための奨励策を導入した。
- 類語 **motivator** 動機付け

ひとこと
➡ 4,5&6

convene /kənvíːn/
動 (会、人などを)招集する、会合する

A board meeting was **convened** to determine the new president.
新しい社長を決定するために取締役会が招集された。

派生語 **convention** 名 会議
類語 **gather** 会合する

unanimously /juːnǽnəməsli/
副 満場一致で

The board voted **unanimously** in favor of entering the Asian market.
役員会はアジア市場への参入を満場一致で可決した。

派生語 **unanimous** 形 満場一致の
類語 **without dissent** 満場一致で

ひとこと → 5&6

diversify /dɪvə́ːsəfɑɪ/
動 多様化する

One way to reduce risk is to **diversify** your products.
リスクを軽減するひとつの方法は製品を多様化させることである。

派生語 **diversification** 名 多様化
　　　 diversified 形 変化に富む

ひとこと
名詞・形容詞・動詞ともに企業のパンフレットやレポートなどで多用される。→ 5&6

adverse /ædvə́ːs/
形 反対の、逆方向の

The drug was approved after tests indicated that it had no **adverse** effects.
検査により副作用がないことが示されたので、その薬は認可された。

派生語 **adversely** 副 反対に
類語 **opposite** 逆の　**contrary** 反対の

ひとこと
adverse effectという表現はビジネスで多用される

cite /sɑ́ɪt/
動 引用する、引き合いに出す

The mayor **cited** several reasons why the project should not be approved.
市長はプロジェクトが承認されるべきでない理由をいくつか挙げた。

派生語 **citation** 名 引用
類語 **extract** 引用する

stipulate /stípjʊlèɪt/
動 明記する、規定する

The contract **stipulated** the criteria by which evaluations would be based.
契約書は評定の元にする基準を明記していた。

派生語 stipulation 名 明記すること、規定
類語 specify 明記する　provide 規定する

oversight /óʊvɚsàɪt/
名 ミス、見落とし

The manager apologized for the **oversight** and corrected the invoice.
部長は見落としを謝罪して請求書を訂正した。

類語 lapse 過失

liability /làɪəbíləti/
名 (法的)責任

The company appears to have minimal **liability** to its customers concerning the accident.
その事故に関して、会社は顧客に対して最小限の法的責任しかないようだ。

派生語 liable 形 (法的に)責任がある
類語 accountability 説明責任

ひとこと 形容詞の **liable** を使った **be liable for...** も使われる

liabilities /làɪəbíləti:z/
名 債務

The total **liabilities** of the company amounted to 100 million dollars.
その会社の債務の総額は1億ドルに上った。

類語 deficit 赤字
　　　 accounts payable 買掛金

ひとこと 「債務」は通常複数形の **liabilities** で使われる

impending /ɪmpéndɪŋ/
形 差し迫った、今にも起りそうな

Employees were nervous about the **impending** merger with the rival company.
ライバル企業との差し迫った合併に従業員たちは不安だった。

派生語 impede 動 遅らせる
類語 approaching 近づいている　upcoming 来る

undertake /ʌ̀ndɚtéɪk/
動 引き受ける、始める

Despite her busy schedule, she decided to **undertake** volunteer activities.
忙しいスケジュールにもかかわらず、彼女は慈善活動を引き受けることを決めた。

派生語 undertaking **名** 引き受けること、事業、仕事

procure /prəkjʊ́ɚ/
動 手に入れる、獲得する

One of the main responsibilities of the museum is to **procure** local artwork.
その美術館の主な責任のひとつは、地域の芸術品を集めることにある。

派生語 procurement **名** 入手、獲得
類語 obtain 手に入れる

deteriorate /dɪtí(ə)riərèɪt/
動 悪化させる、低下させる

The market began to **deteriorate** as less expensive models were released.
より安価なモデルが発売されたため、市場は悪化し始めた。

派生語 deterioration **名** 悪化、劣化
類語 worsen 悪化させる　wear off (効果が)徐々になくなる

sluggish /slʌ́gɪʃ/
形 不振の、不活発な、停滞した

The tax increase caused the economy to be **sluggish** due to decreased spending.
増税によって消費が減少し、景気の停滞を引き起こした。

派生語 sluggishness **名** 不振であること
類語 stagnant 停滞気味の　dull 不振な

overwhelmingly /òʊvɚ(h)wélmɪŋli/
副 圧倒的に、この上なく

Consumers **overwhelmingly** welcomed changes in pricing of services.
消費者はサービスの価格変更をこの上なく歓迎した。

派生語 overwhelm **動** 圧倒する、打ちのめす
overwhelming **形** 圧倒的な、大変な

第5章 Part 7で出る単語はこれ！ 読解問題を解くのに欠かせない251語

verification /vèrəfɪkéɪʃən/
名 証明、実証、検証

It will take one week for **verification** of documents to be completed.
書類の検証が完了するのに1週間かかる。

派生語 **verify** 動 証明する
類語 **validation** 検証　**proof** 証明、証拠

waive /wéɪv/
動（権利、主張を）放棄する

The real estate agent **waived** its right to collect two months' rent.
その不動産業者は2ヵ月分の家賃を回収する権利を放棄した。

派生語 **waiver** 名 権利放棄の証書
類語 **abandon** 放棄する

ひとこと
ビジネス必須単語

INDEX　索引

★見出し語は太字で示してあります。複数ページに出ている場合、見出しとして使われているページを色文字で示しました。派生語・類語・反意語は細い文字で示してあります。

A

a little/a bit ･･････････････････････ 67
a pile of ････････････････････････ 16
a sequence of ... ･････････････････ 138
a series of ... ･･･････････････････ 138
a wide range of ... ･･････････････ 115
a wide selection of ... ･･････････････ 115
a wide variety of ･･･････････････ 115
abandon ･･････････････････････ 250
abide by ... ･･･････････････････ 187
absolute ･･････････････････････ 87
absolutely ･･････････････････ 87
abundance ･･･････････････････ 238
abundant ･･･････････････････ 238
abundantly ･･･････････････････ 175
academic ････････････････････ 204
accept ･･････････････････････ 53
accepted ･･･････････････････ 118
access ･････････････････ 42, 123
accessibility ･････････････････ 42
accessible ･･･････････････ 42, 123
accidentally ･････････････････ 83
accommodate ････････ 127, 215, 217
accommodation ･･･････････ 127, 217
accomplish ･･････････ 105, 106, 130, 169
accomplished ･････････････ 130
accomplishment ･････････････ 120, 130
according to ... ･･･････････ 140
accordingly ･･･････････････ 189, 245
account ･･････････････････ 39
account statement ･･････････ 223
accountability ･･････････････ 248
accountable ････････････････ 192
accountant ････････････････ 73

accounting ･･･････････････････ 73
accounts payable ･･････････････ 248
accumulate ･････････････････ 96
accumulation ･････････････････ 96
accuracy ･･･････････････････ 164
accurate ････････････････････ 164
accurately ･･･････････････････ 164
achievable ･･････････････ 180, 193
achieve ･･････････････････ 106, 120
achievement ･･･････････････ 106, 120
acknowledge ･････････････････ 178
acknowledgement ･･･････････････ 178
acquaint ････････････････････ 98
acquaintance ･･･････････････ 98
acquire ･･･････････････ 52, 200, 239
acquisition ･････････････ 234, 239
actual ･････････････････････ 44
actually ･･･････････････････ 44
adapt ････････････････････ 215
adaptation ･･････････････････ 215
add ･････････････････････ 146
additional ･･････････････ 146, 186
additionally ･･･････････ 146, 236
address ･･･････････ 18, 41, 189
adept ･････････････････････ 164
adequate ･･･････････････････ 182
adequately ･････････････････ 182
adhere to ... ･･･････････････ 192
adjacent ･･････････････ 12, 241
adjacent to ... ･････････････ 141
adjust ････････････････････ 55
adjustment ･･････････････････ 55
administer ･･･････････････････ 80
administration ･･･････････ 80, 159

251

administrative	80	alleviation	197
administrator	65	**allocate**	92
admission	52, 53	allocation	92
admit	52, 53	allot	92
adopt	161	**allow**	66, 145
adoption	161	allowance	145
advance	46, 207, 216	**allow A to …**	122
advanced	216	**along with**	114
advantage	165	**alter**	127, 226
adverse	247	alteration	226
adversely	247	alternately	144, 150, 176
advertise	210, 227	**alternative**	176, 226
advertisement	210	altogether	159
advocate	52	alumnus	204
affect	203	amateur	242
affiliated company	239	amazingly	138
affiliation	239	**ambassador**	49, 212
affluent	239	amend	233
afford	81, 173	**amendment**	233
affordable	81, 173	**amount**	38, 215
afterwards	116	ample	183
agenda	92	an array of …	138
aggravate	197	angle	244
aggravation	197	**anniversary**	104
agree	148, 200	announce	227
agreeable	148, 200	announcement	201
agreement	148, 200	**anticipate**	129, 220
ahead of …	171	anticipated	129
ahead of schedule	60, 164	anticipation	129
ahead of time	176	apart	203
aid	70	apart from …	222
(financial) aid	240	apologetically	147
aim	224	**apologize**	147, 202
aim at …	141	**apology**	147, 202
aim to …	147	apparatus	64, 82, 218
airfare	40	**apparent**	236
aisle	85	apparently	236
alarm	214	appear	224
alert	120	**appliance**	225
all over …	154	**applicant**	76
alleviate	197	application	57, 76

application form	48
apply	57, 76
appoint	90, 168
appointment	90
appraisal	174
appraise	78, 230
appreciate	87, 178
appreciation	87, 178, 243
appreciative	109
apprentice	242
apprenticeship	242
approach	172
approaching	248
appropriate	94
appropriately	57, 94
approval	55, 58
approve	55, 58, 240
approximate	190
approximately	165, 190
architect	78
architecture	78
area	71
arise	120, 224
arrange	35
arrangement	35
arrival	102
arrive at…	59
arrow	20
article	10, 200, 244
as a matter of fact	112
as a whole	159
as far as…	104
as long as …	104, 244
as soon as…	136
as stated in…	140
ascend	28
aside from…	222
assemble	131, 231
assembly	61, 131, 231
assert	87, 118
assess	230

assessment	174, 230
assets	223
assign	88, 92
assignment	88, 110
assist	70
associate	98, 145
assumable	225
assume	225
assumption	191, 225
assurance	211
assure	213
assured	213
astonishing	232
… as well	144
A as well as B	141
at hand	141
at home with…	43
at one's disposal	145
at the cost of…	173
at the expense of…	173
at the moment	170
at work	49
attach	160, 211
attached	160
attachment	160
attain	106
attempt	210
attend	121
attendance	121
attendee	121
attentively	198
attract	67
attributable	190
attribute A to B	190
audience	23
audit	78, 229
auditor	78, 229
auditorium	237
authentic	194
authenticity	194
author	115

253

authoritative	134	be committed to…	173
authority	134	**be compliant with…**	192
authorization	217	be contended with…	139
authorize	66, 134, 217	**be covered with…**	12
authorized	217, 228	be curious about…	136
autobiography	132, 226	be delighted with…	104
autograph	51	be devoted to…	173
automatic	138	**be eager to…**	202
automatically	138	**be eligible for…**	168, 180
automobile	12	be engaged in…	173
availability	124, 145	**be entitled to…**	168
available	124, 145	**be equipped with…**	166
avoid	109	**be familiar with…**	43
avoid…ing	125	**be filled with…**	14
await	106	**be followed by…**	130
award	103	be furnished with…	166
aware	43	be happy with…	139
awareness	43	**be in charge of…**	86
		be in control	86

B

back	90	**be in stock**	54
back off	181	**be interested in…**	136
back to back	14	be keen to…	202
backlog	97	**be liable for…**	193
baggage	54	**be likely to…**	140
balance	231	**be located in…**	62
ballot	128	be out of stock	54
ballroom	121, 237	**be pleased with…**	104
ban	122, 228	**be poised to…**	197
bank statement	223	be probable that…	140
bankrupt	227	be qualified for…	168, 180
bankruptcy	227	be ready for…	197
banquet room	121	be related to…	157
barely	218	be relevant to…	195
bargaining	49	**be responsible for…**	149
be accompanied by…	178	**be satisfied with…**	139
be anxious to…	202	be situated in…	62
be associated with…	157	**be subject to…**	187, 240
be aware	43	be suitable for / to…	180
be based on…	141	bear	185
be capable of…	164	beckon	31
		before…	171

254

before long	136
beforehand	116, 176
beg	195
behind schedule	60
behind time	82
belong	62
belongings	62
bend	21
bend down	29
beneficial	124, 165
benefit	124, 165
benefit from	124
besides	144, 158, 222
beverage	207
beyond control	167
bid	236
bidding	236
big-hearted	119
bill	47
billing	47
biography	132, 226
blame	190
blueprint	82
board	19
board of directors	210
bond	221
book	45, 88
bookcase	11
booking	88
bookkeeping	73
boost	234
borrowing	223
bother	93
bottom	90
bound for…	126
branch office	49
brand	141
brand-name goods	141
breakdown	246
brief	161
briefly	161, 231

bring up	109
broaden	160
broadly	138
brochure	72
broken	84
broom	29
browse	30
budget year	222
budget	61
budgetary	61
builder	78
bulk	203
bulletin	212
bulletin board	125
bureau	49
bush	31
buy	92
buyout	234
by chance	83
by coincidence	83
by hand	69
by which…	196

C

cabinet	18
call… back	65
call… to mind	75
call attention to…	114
call for…	195
candidate	160
capability	163
capable	163
capacity	174
capital	115, 209
captivate	67
career	102
carrier	43, 97
carry	105
carry on	188
carry out	95, 217
cart	31

carving	25	classification	229
cash register	10	classified	139
cast	27	**classified ad**	224
categorize	24, 229	**classify**	229
cater	75	**clause**	244
caterer	75	clearly	177
catering	75	**clerical**	77
cease	153	clerk	77
ceiling	68	client	39
celebrate	103	**climate**	108
celebration	103	**close to…**	136, 141, 241
cellphone	50	cloth	206
certain	40	clothes	28
certainly	40	**clue**	235
certificate	61, 221, 228	**code**	203, 213
certification	61, 228	coherent	243
certified	61, 228	coin	121
certify	61	**collaborate**	168, 214
chair	79	collaboration	113, 168, 214
chairman	79	**collaborative**	168, 214
chairperson	79	**collapse**	236
challenging	173	**colleague**	65, 145
chance	10, 112	combination	159
change	226	combine	159
characteristic	94	**combined**	159
characterize	235	come over	57
charge	45, 70	come up with…	97
charitable	119	come with…	178
charity	86	comfort	53
chart	80	**comfortable**	53
check	47	comfortably	53
checkup	56	coming	131, 151
chest of drawers (file)	18	**commemorate**	231
chiefly	67	commemoration	104, 231
circulate	205	**commence**	194
circulation	205	commencement	194
citation	247	commercial	210
cite	220, 247	**commit**	58, 155
claim	118	**commitment**	58, 155, 173
clarification	226	committed	216
clarify	226	committed to…	156

committee	48
commodity	19
communicate with…	35
communication	204
commute	54
commuter	54
comparable	183
compel	174
compensate	182
compensation	182
compete	170
competence	174
competency	174
competent	155, 163, 174
competitive	170
compile	77, 96
complain	49
complaint	49
complete	105, 136
completely	140, 166
completion	105, 136
complex	84
compliance	192
complicated	232
compliment	119
complimentary	181
comply	192
comply with…	187
component	53, 81, 226
compose	214
composition	214
comprehend	245
comprehensive	177
comprehensively	177
comprise	214, 237
compromise	129
concede	129
concentrate on…	141
concern	59
concerning	59, 145, 153
concise	231

concisely	231
conclude	222
conclusion	187, 222
condition	111, 103
conditional	103
conditions	152
confer	46
conference	46
confidence	112
confident	112
confidential	139
confine	23
confirm	36
confirmation	36
confront	150
congest	89
congested	58, 89
congestion	89
conscious	128
consciousness	128
consecutive	187
consensus	200
consent	143
consequence	95, 201, 224, 245
consequent	95, 245
consequently	95, 151, 245
conservation	190
consider	93, 137
consider A B	150
considerable	93, 234
considerably	93, 234
consideration	137, 196
considering…	196
consist of…	214
consistency	243
consistent	81, 243
constitute	237
constitution	213, 237
constrain	232
construct	131
consulate	49

257

consult	36
consultation	36
consume	57, 92
consumer	57, 92
consumption	57, 92
contact	35
contact (person)	191
contain	12, 105
container	12, 105
contemplate	137
contemplation	191
continuation	179
continue	69
contract	116
contrary	218, 247
contribute	127, 154
contribution	127, 220
controllable	180
controversy	91
convene	73, 247
convenience	128, 142
convenient	142
conveniently	142
convention	73, 247
conversion	167
convey	45
convince	92
convincing	92
convincingly	92
cooperate	113, 214
cooperation	113
cooperative	113, 159
copier	40
copy	40, 163
cordial	131
cordially	131
correspond	204
correspond with…	149
correspondence	200, 204
correspondent	204
correspondingly	167

cost	47, 61
costly	47
count on…	228
coupon	212
courier	97
courtesy	242
cover	235
coverage	62, 235
coworker	65, 145
credit	157
critic	117, 227
critical	117, 232
critically	117
criticism	227
criticize	227
crossing	26
crossroad	26
crowd	15
crowded	15
crucial	117, 230
crude oil	206
cultivate	169
cultivation	169
cure	125
currency	121, 205
current	88, 123, 170
currently	88, 170
custom	208
customarily	208
customary	208
customer	39
customization	130
customize	130, 219
CV (curriculum vitae)	68

D

daily routine	119
dairy farm	122
dairy goods	122
dairy product	122
damaged	180

deadline	40
deal	116
deal with	41, 68, 189
dealer	243
dealing	239
debate	91
debt	223
decade	130
decent	107
decide	78
declaration	118
declare	118
decline	209, 225
decrease	73
decree	203
dedicate	129, 216
dedicated	216
dedicated to…	156
dedication	129, 216
deduct	175
deduction	175
defect	179, 180, 246
defective	179, 180
deficit	235, 246, 248
define	235
definite	87
definitely	87
definition	235
degrade	171
degree	204
delay	107
deliberate	191
deliberately	191
deliberation	196
delicate	246
delight	106
delighted	106
deliver	45
deliver a message	108
delivery	45
delivery charge	52
demand	203
demanding	173, 195
demolish	185
demonstrate	220
dental	34
dentist	34
depart	102
depart for…	67
department	34, 42, 242
departure	102
depend	84
depend on…	75, 228
dependable	84, 227
deposit	83
derive	142
descend	28
describe	208
description	208
deserve	93
designate	181, 223
designated	181, 223
designation	181
designer	78
desirable	216
desire	216
despite the fact that…	196
destination	126
destroy	185
detail	57, 152
detailed	57, 152
detergent	98
deteriorate	249
deterioration	249
determination	78
determine	78
determined	78
detour	179
device	64, 225
devote	172
devoted	216
devoted to…	156

259

devotion	129, 172	distribute	**91**, 205
diagnose	96	distribution	91
diagnosis	96	distributor	42, 91, 229
diagnostic	96	**district**	71
differ	179	disturb	169
dig	24	**diverse**	186
diplomat	212	diversification	186, 247
direct	137	diversified	159, 247
directly	137	**diversify**	186, **247**
director	65, 77	divide	42, 234
directory	179	**dividend**	234
disappoint	139	**division**	34, **42**, 234
disappointed	139	dock	30
disappointing	**139**, 169	**domestic**	**205**, 225
disapprove	55	domestically	205
discharge	202	dominance	177
discharged	186	**dominant**	177
disclose	171	don't hesitate to...	62
discontinue	69	**donate**	**154**, 220
discount	96, 212	**donation**	154, **220**
discourage	114, 169	doubt (that)...	53
discouraged	169	down payment	83
discouraging	139, **169**	downgrade	39
discover	209	**downstairs**	39
discovery	187	**downtown**	38
discreet	191	**draft**	82
discreetly	191	drain	17
dish	10	draw	18
dislike...ing	50	draw back	181
dismiss	202	**draw up**	91
dispatch	217	drawback	195
dispatcher	97, 217	**drawer**	18
display	**14**, 58	drift	15
disposal	175	drink	207
dispose	175	drop by	57
dispute	91	drown	16
distant	233	**due**	86
distinct	189	due to	207
distinction	189	dull	249
distinguish	180, 237	**duplicate**	163
distinguished	237	duplication	163

durable	171, 179
duration	179
dust bin	25
duty	44, 110, 207

E

each other	14, 152
eager	110
eagerly	171
earn	221
earnings	64, 221
economic	44
economical	44
economically	44
economy	44
edit	201, 202
editing	201
edition	202
editor	201
editor-in-chief	201
editorial	201
educational institution	242
effect	158, 201, 209
effective	68, 158, 209
efficiency	68
efficient	68, 155
efficiently	68
electric	106
electrically	106
electrician	61
electricity	61, 106
element	53, 226
embark	19
embassy	49, 212
embrace	161
emerge	224
emergence	224
emergency	111
emergency call	111
emergency exit	111
emergent	111

eminent	237
emphasis	112
emphasize	108, 112
employ	41, 56
employer	56
employment	56
empower	217
enable A to…	145
enable to…	122
enclose	161, 211
enclosed	161, 211
enclosure	161, 211
encounter	214
encourage	114, 221
encouragement	114
encouraging	114
end up…	142
endanger	233
endangered	233
endeavor	210
endorse	55, 240
endorsement	58, 240
endure	230
energize	244
energy resources	213
enforce	174
enforcement	174
enhance	39, 170, 215
enhancement	170
enlarge	160
enlargement	160
enroll	133
enrollment	133
ensure (that)…	105
ensure	115
enterprise	185
enterpriser	242
enthusiasm	110, 171
enthusiastic	110, 171
enthusiastically	110, 171
entirely	166

entitle	217	exclusive	**181**, 184
entrance fee	52	exclusively	181, **184**
entrepreneur	242	excursion	95
entrepreneurship	242	excuse	147, 163
environment	211	execute	77, 148, 217
environmental	211	**executive**	77
equip	82	**exempt**	186
equipment	82	exemption	186
especially	67	**exhibit**	58
essential	**144**, 216, 232	exhibition	58
establish	37, **113**, 118, 219	**expand**	162
established	113, **118**	expansion	162
establisher	166	expect	80, 129
establishment	113, 118	**expectation**	80
estate	161	expedite	241
esteemed	184	**expenditure**	182
estimate	61, **73**, 99	**expense**	**158**, 182
estimation	73	experience	110, 121
eternal	204	**experienced**	110
evacuate	**133**, 237	**experiment**	89
evacuation	133	experimental	89, 176
evaluate	**78**, 174	expert	194
evaluation	78, **174**	**expertise**	194
evidence	224	expiration	124
evident	224	**expire**	124
examination	16, 56	exploration	98
examine	16	**explore**	98
examiner	16	**expose**	175
exceed	**126**, 231	exposure	175
exceedingly	126	express	48
excel	241	**extend**	89, **162**, 240
exceptional	188	extended	170
exceptionally	188	**extension**	**89**, 162
excess	**231**, 235	**extensive**	**162**, 177
excessive	231	extensively	138, 162
exchange	39	extent	219
exchange market	205	**exterior**	24
exchange rate	205	external	24
exchangeable	39	extra	176, 184
exclude	181, 184	extra hours	45
exclusion	181	extract	247

extraordinary	188
extremely	180

F

fabric	206
face	18, 150, 214
face to face	14
facilitate	241
facilitator	241
facility	84
factory	40
faculty	242
failure	227, 236
fair	151
fairly	151
faith	227
faithful	116, 227
fame	157
familiarity	43
fare	77
fascinate	67
fascinating	67
fashion	172
fasten	139
fastener	139
fatal	230
fatality	230
faucet	17
favor	41, 132
fear (that)...	53
feasibility	153, 193
feasible	193
feature	94, 200
fee	45
fee schedule	213
feedback	50
feel free to ...	62
fiber	206
fiction	201
figure	80
figure out	97

file	133
filing	48
fill in...	63
fill in for...	99
fill out...	63
finance	202
financial	202
financial statements	223
financially	202
find out	97
findings	187
fine	96
firmly	163
fiscal year	222
fit	149
fix	38, 65
flaw	179, 246
flawed	180
flawless	246
float	15
flood	16
flooding	16
floor	23, 68
florist	207
fluctuate	240
fluctuation	240
focus on...	141
fold	21
folded	21
folder	21
follow	151
following	151
for now	164
for the moment	166
forbid	228
forceful	193
forecast	90, 112
foremost	216
foresee	90, 220
foreseeable	220
formal	142

263

formally	142
former	151
formerly	151
formidable	173
forthcoming	131
fortunately	45
fortune	223
forum	46
forward	205, 217
found	166, 219
foundation	166, 219
founder	166, 219
fountain	24
fragile	246
fragility	246
freezer	17
frequent	82
frequently	82
fuel	26
fuel efficiency	174
fuel efficient	174
fulfill	169, 217
fulfillment	169
function	147, 148, 246
functional	147
fund	209
fund-raising	86
funding	209
further	148
furthermore	146, 158, 236

G

gain	188, 200
gallery	37
garbage box	25
gardener	207
garment	28
gas	206
gather	15, 61, 247
gathering	15, 61
gauge	185

gaze	28
gear	218
generally	208
generosity	119
generous	119
genuine	194
get back to…	55
get in touch with…	35, 107
get on	19
get over…	169
get ready	138
get to…	59
get together	51
get-together	51
gift	118
gifted	114
give a hand	56
give a lift	83
give a ride	83
give out	66
given…	196
glance	93
glue	79
go forward	207
go over…	85
go through…	121, 240
go up	28
go vacationing in	104
go-between	191
good	181
good manners	242
goods	19
governance	159
government	123
governor	123, 212
grab	63
gradual	165
gradually	165
graduate	204
graduation	204
grant	156, 240

INDEX

grateful	109
gratefulness	243
gratitude	178, 243
greet	12
greeting(s)	12
grocery	16
grocery store	16
group	24
guarantee	144
guarantor	144
guaranty	130
guess	54
guide	54
guideline	37

H

habitually	165
hall	70
hallway	70
hand	10
hand in …	66
hand out …	66
handily	142
handle	41, 189
handrail	28
handy	123
hang up	22
happen	110
harden	193
hardly	218
harsh	106, 188
harshness	188
have difficulties in …	59
have trouble -ing	59
head office	72
head to / for …	67
headquarters	49, 72
heartily	131
help … out	56
help yourself	79
hence	159

hesitant	238
high	102
high-rise	25
highly	102
hire	41
hold	11, 37
hold back	232
honor	119
honorable	119
host	37
household	225
how about …	69
hugely	102
human resources department	124
humble	124

I

I'm afraid …	42
I'm sorry (that) …	42
identification badge	72
identification card	72
identification	72
identify	72, 180
illegal	211
illustrate	208
immediate	146
immediately	146
impact	203
impede	248
impending	248
imperil	233
implement	95, 192
implementation	192
implication	243
imply	243
impose	245
impress	157
impression	157
impressive	157
improve	56
improvement	56

265

in a line	15	inconsistent	243
in a row	15	**inconvenience**	128
in accordance with...	167	inconvenient	128
in addition to...	141, 144	increase	73, 234
in advance	111	indefinite	176
in all	159	**indicate**	219, 243
in case of...	219	indication	219
in case that...	175	indispensable	144
in case	219	individual	182
in consequence	189	industrial	105
in danger	198	**industry**	105
in detail	208	**infer**	241
in exchange for...	152	inference	241
in fact	112	**influence**	201, 203
in jeopardy	198	influential	201
in order to...	136	**inform**	35, 111
in place of...	140, 150	information	35, 111
in progress	121, 151	information office	34
in reality	112	**informative**	35, 111
in reference to...	223	ingredient	133
in regard to...	223	**initial**	132, 216
in relation to...	172, 223	initially	216
in response to...	166	**initiate**	132, 216
in return	166	initiation	132
in short	231	**innovative**	126
in stock	70	inoperable	84
in terms of...	172	**inquire**	93
in the case of...	222	inquiry	93, 213, 214
in the event of...	175	**insist**	87
in the meantime	164, 166	insistence	87
in the past	151	insolvency	227
in the service of...	200	inspect	81
in trouble	198	**inspection**	81
in-depth	64	inspector	81
incapable	163	inspiration	220
incentive	246	**inspire**	220
inclination	232	inspired	230
include	105, 211	**inspiring**	178, 220
included	161	**install**	38
inclusive	177	installation	38
income	64, 221	installment	38

installment plan	83
instantly	161
instead of…	140
instruct	54
instruction	54
instructive	54, 111
instructor	54
instrument	23
insufficiency	206
insurance	62
insure	62
integral	144
intend to…	147
intense	64
intensive	64
intention	147
intentionally	191
interest	59
interest rate	125
interfere	93
interior	24
internal	205
interrupt	169
intersection	26
intervene	93
intervention	93
interviewee	36
interviewer	36
intolerably	185
invalid	181
invaluable	156
invent	120
invention	120
inventive	126
inventor	120
inventory	61, 107
investigate	98
invoice	47
involve	56
involvement	56
issue	116, 202

item	10
itemize	10
itinerary	233

J

jammed	89
jeopardize	233
job interview	36
job opening	64
job opportunity	64
journal	212
junior staff	95
justification	215
justify	215

K

keep	192, 211
keep from…ing	125
keep up	127
keep up with…	82
kneel down	29
know-how	194
knowledge	122
knowledgeable	122

L

lab	48
labor force	74
laboratory	48
ladder	22
landlord	46
landscape	20
lapse	194, 248
largely	208
last	127
lasting	127, 171, 204
lately	142
later	116
latest	123
launch	128
lawn	18

索引

INDEX

267

lay off	202	local	55
leading	164	**locate**	94
leaflet	72	location	62, 85, 94
lean	30	lodging	217
learned	122	longstanding	171
leasable	43	**look for...**	35, 200
lease	43	**look forward to**	106
leave	84, 91, 238	look into...	47
leave a message	108	look over...	79
leave for...	67	**look up**	47, 226
lecture	18	loss	113
lecture hall	237	lounge	121
legal	211	low-rise	25
legally	211	**loyal**	116, 227
legislation	134	loyalty	116
legislator	134	**luggage**	54

M

legitimate	211	machine	218
lend a hand	56	**machinery**	218
lending	125	machinist	85
length	170	**maintain**	119, 211
lengthen	162, 240	**maintenance**	119, 211
lengthy	170	major	50, 203
lessen	71, 171	**majority**	203
level	23, 29	**make a contribution**	154
levy	70, 245	make certain	105
liabilities	248	make clear	226
liability	193, 248	**make improvements**	148
liable	192, 248	**make progress**	207
liaison	191	**make revisions**	74
lift	13	**make sure**	105
lighthouse	19	make the most of...	117
likelihood	153	make up	237
likewise	146	make up for...	182
limit	122, 144	maker	210
limitation	144	**malfunction**	246
limited	144	manage	180, 183
line	109	**manageable**	180
liquor	207	management	77, 210
little by little	165	manager	183
load	22		
loan	223		

managerial	183	metropolitan area	38
mandate	193	**metropolitan**	109
mandatory	193	**microscope**	21
manner	172	mileage	174
manpower	74	**mind**	50
manually	69, 138	minority	203
manufacturer	210	**minute**	97
manufacturing	105	mirror	23
manuscript	227	misplace	14
mark	231	**mobile phone**	50
mark down	96	**moderate**	170
match	149	moderation	170
material	53	modern	88
matter	139	**modest**	124
mayor	212	modification	127, 233
mayoral	212	**modify**	127, 226
meal	102	monetary	202
means	173	**moreover**	158, 236
meanwhile	164, 166	motivate	230
measure	120, 185	**motivated**	230
measurement	120	motivation	230
mechanic	85	motivator	246
mechanism	85	move	76
medical	125	move out	133
medication	125	mower	18
medicine	98, 125	**museum**	37
meeting	61	**mutual**	178
memo	206	mutually	178

N

name	88, 90, 168, 223
natural resources	213
near	136
nearby	145
nearly	136
need a ride	83
negotiate	49
negotiation	49
negotiator	49
neighbor	118
neighborhood	118

memorable	158
memorandum	206
memorize	158
memory	158
mention	109
merchandise	19
merchant	19, 243
merely	185
merge	125
merger	125, 239
message	206
meticulous	198
meticulously	198

269

neighboring	12, 118, 145, 155
nevertheless	190
news conference	47
next to...	12
nominate	52, 90
nomination	52
nominee	160
nonetheless	190
not only A but also B	143
note	206
noted	237
notice	201, 209
notify	35
notwithstanding	147
novel	201
numeral	80
numerous	188

O

obey	187
object to...ing	50
objective	224
obligation	207
oblige	207
obliged	109
observance	209
observation	80, 209, 215
observe	80, 209
observer	29
obsolete	60, 197
obtain	52, 200, 249
obvious	189, 224, 236
occupation	17, 95, 204
occupational	95
occupied	17
occupy	17
occur	110
offer	39
office equipment	24
office furniture	51
office supplies	58

officially	142
often	82
on average	208
on behalf of...	128
on condition that...	195
on display	25
on exhibit	25
on one's knees	29
on schedule	60
on the market	150
one another	14, 152
one by one	203
ongoing	151
only if...	157
only when...	157
operate	13, 107
operation	13, 107
operational	107
operator	85
opinion	50
opinion poll	229
opportunity	112
opposite	218, 247
organize	210
organized	155
out of control	167
out of order	84
out of stock	70
out-of-date	60, 197
outcome	224
outdated	60
outfit	28
outing	95
outlet	44
outline	66, 82, 117
outlook	129
outperform	241
output	88
outskirts	46
outstanding	82, 188, 189, 232
overcome	146, 169

overcrowded ... 89
overdue ... 82
overflow ... 16
overlook ... 20
overnight ... 48
overshadow ... 22
oversight ... 194, 248
overstaffed ... 65
overtime ... 45
overview ... 117, 137
overwhelm ... 249
overwhelming ... 249
overwhelmingly ... 249
owing to... ... 177, 207
own ... 217

P

paddle ... 31
pamphlet ... 72
panel ... 48
paperwork ... 48
parallel to... ... 27
pardon ... 163
parent company ... 239
park ... 36
parking ... 36
parking area ... 11
parking garage ... 11
parking lot ... 11
part ... 35, 81
participant ... 76, 121
participation ... 76
particularly ... 67
pass ... 10
pass on... ... 205
pass on a message ... 108
passage ... 27, 70, 85
passenger ... 13
passenger train ... 13
passerby ... 29
past ... 71

path ... 27
patience ... 73
patient ... 73
patron ... 225
patronage ... 132, 225
pave ... 26
pavement ... 26
pay ... 42, 97, 186
pay back ... 71, 191
payable ... 86, 248
paycheck ... 42
payroll ... 97
pedestrian ... 29
penalty ... 96
pending ... 221
perceive ... 245
perception ... 245
perfectly ... 140
perform ... 62
performance ... 62
period ... 234, 236
periodical ... 211, 236
periodically ... 187, 236
permanent ... 204
permanently ... 204
permission ... 58, 66, 143
permit ... 53, 66
permit A to... ... 122
perpendicular ... 27
persist in... ... 192
personal history ... 68
personalize ... 130
personnel ... 81
personnel department ... 124
perspective ... 244
persuade ... 92
pertain ... 195
pertinent ... 183, 198
petroleum ... 206
pharmaceutical ... 123
pharmacist ... 123

271

pharmacy	123	**practical**	114, 158
phase	234	practically	114
photocopier	40	practice	114, 208
photocopying machine	40	practitioner	96
physician	96	**praise**	119
pick up	36, 226	**precaution**	238
pick up (a phone)	22	precede	245
piece	35	preceding	71, 171
pier	30	precise	182
pile	16	**precisely**	182
pile up	96	preciseness	182
place a call	65	**predecessor**	245
place an order	152	**predict**	90, 112, 220
place	14	prediction	80, 90
place mat	11	**prefer**	41
placement	14	preferable	41, 216
plant	10, 40	preference	41
plate	11	**preliminary**	184
pleasant	53	**premise**	194
pleased	106	premium	62
pledge	172	preparation	138
plentiful	188, 238	preparatory	184
plug	44	**prepare**	37, 138
plumber	94	prerequisite	103, 158
poem	201	prescribe	98
point	13	**prescription**	98
point out	219	**present**	60
pointed	13	presentation	60
pointless	13	presenter	60
policy	37	presently	170
polish	28	preservation	119, 190
politeness	242	preserve	211
poll	128	preside	79
position	17, 34	**press conference**	47
possess	217	pressing	59
possession	217	prestige	184
post	127	**prestigious**	184, 189
postage	52	presumably	140
postpone	80	presume	225
pour	21	pretty	72
power	134	**prevail**	241

272

prevailing	177, 241
prevent	167
prevention	167
previous	71
previously	110
priceless	156
pricing list	213
primarily	216
primary	216
prime	216
principal	164
print	46
printer	46
printing	202
printing house	46
prior to …	171
prize	103
probability	153
probable	153
probe	98, 137
procedure	176
proceed	176, 188
proceeding	176
proceedings	97
proceeds	188
process	176
proclaim	118
procure	249
procurement	249
produce	27, 123
producer	27
product	27
productive	123, 174
productivity	123, 174
profess	118
profession	95, 204
professional	204
proficient	130
profit	113, 165
profit from …	124
profitable	113

progress	188
progressive	216
prohibit	228
prohibition	228
projection	73
prolong	240
prominent	189
promise	184
promising	184
promote	46, 241
promotion	46, 210
prompt	153, 161, 221
promptly	161
proof	220, 250
proofread	201
proofreader	201
prop	30
proper	57, 107
properly	57, 107
property	161
proportion	244
proposal	137
propose	137
proprietor	242
prospect	129
prospective	129
prosper	131
prosperity	131, 218
prosperous	131, 239
proud	149
proudly	149
prove	220
provide	59, 248
provided that …	195
provider	42
provincial	55, 109
provision	59
public	132, 227
public relations	132
public service	242
public transportation	104

publication	103, 236
publicity	132
publicize	227
publish	103
publisher	103
purchase	92
purchaser	57
pursue	193
pursuit	193
put... on hold	80
put... to use	117
put aside	156
put in an order	152
put off	80, 107
put out	116
put together	77

Q

qualification	76, 172
qualified	76, 172, 228
qualify	76, 172
quantitative	215
quantity	215
question	93
questionnaire	214
quickly	146
quit	84, 91
quite	72
quotation	99
quote	73, 99

R

railing	28
raise	13, 46, 169
range	219
rapid	153
rapidly	153
rate	45, 244
rather	67
rather than...	144
ratio	244

raw material	53
reach	107, 219
reach for...	25
reach into...	25
reach out one's hand to...	25
reachable	107, 123
react	126
reader	154
real estate	51
realistic	114
realtor	51
realty	51, 161
rear	90
reason	68
reasonable	68
reassure	213
reassured	67
recall	75
receipt	34
receive	34, 64
receive a message	108
receive an order	152
recent	142
recently	142
reception	34
receptionist	34
recipient	64
recognition	71, 178
recognize	71
recommend	52, 205
recommendable	52, 205
recommendation	52, 205
reconstruct	86, 155
recover	146
recovery	146
recruit	160
recruiter	160
reduce	71, 96
reduction	71, 73
refer	213, 220
reference	205, 213, 220

referral	205, 213	relative	75
refill	196	**relative to …**	221
refine	56	relatively	75
refined	232	release	150
reflect	23	**relevant to …**	183
reflection	23	reliability	87
reflective	23	**reliable**	84, 87
refrain	125	reliance	228
refresh	122	relief	67
refreshing	122	**relieved**	67
refreshment	122	relieve	67
refrigerator	17	**relocate**	76
refuel	26	relocation	76
refund	71	**reluctant to …**	238
refurbish	70	rely	87
refurbishment	116	**rely on …**	228
regain	146	**remain**	86, 231
regard	145	**remainder**	176, 231
regard A as B	150	**remaining**	86, 176
regarding	145, 153	**remark**	215
regardless of …	147	**remarkable**	232
region	55, 71	remarkably	232
regional	55	remedial	190
register	44	**remedy**	190
registration	44	remember	75
registration form	48	**remind**	63, 114
registry	44	**reminder**	63, 114
regrettably	45	remodel	70
regular	225	**remote**	233
regularly	187	**renew**	38, 69
regulate	203	renewable resources	213
regulation	203, 213	renewal	69
reimburse	191	**renovate**	70, 116
reimbursement	191	**renovation**	70, 116
reinforce	170, 215	**renowned**	189
reject	209, 225	**rent**	38
rejection	209	rental	38
relate to …	195	**reorganize**	210
related	75, 183	**repair**	37
related to …	221	repairperson	37
relation	221	repayment	125

replace	76, 177	**restrain**	232
replacement	76, 176, 177, 245	restraint	232
replenish	196	**restrict**	122
replenishment	196	restricted	144
reply	55, 126	restriction	122
reporting	235	**restructure**	86
represent	81	result	224
representation	81	**result from…**	142
representative	81	**result in…**	142
reproduction	163	retail	66
reputable	184	retail store	66
reputation	157	**retailer**	66, 229
reputed	157	**retain**	192
require	158	retention	192
requirement	158	retire	103
research	79, 81	retirement party	103
reservation	45	**retirement**	103
reserve	45, 88, 209	**return a call**	65
reshuffle	210	**reveal**	171, 237
reside	155, 163	revelation	171
residence	155, 163	**revenue**	131, 188
resident	163	**reverse**	218
residential	155, 163	**review**	137
resign	84, 91, 238	reviewer	227
resignation	84, 238	**revise**	74
resist	209	revision	74
resolution	88, 228	**reward**	111
resolve	222, 228	rewarding	111
respective	182	**ride**	83
respectively	182	right after…	136
respond	55, 229	**right away**	41
respond to …	126	right now	41
respondent	229	**rinse**	17
response	50, 126, 229	roof	68
responsibility	75	rough	165
responsible	75	**roughly**	165, 190
responsibly	75	routine work	119
rest	231	**routine**	119
rest against	30	**routinely**	165
restoration	116	row	31
restore	37, 155	**résumé**	68

ruin	185
ruler	79
run	13
run low on…	94
run out of…	90
run short of…	90, 94
rural	233
rustic	233

S

safeguard	238
sales clerk	143
sales representative	143
saucer	11
save	102
saving	102
scale down	71
scarcely	218
scene	20, 85, 243
scenery	20
scheme	238
scissors	79
scoop	24
screen	222
screening	222
script	227
sculptural	25
sculpture	25
search for…	35
seat	13
secretarial	77
section	34, 42
secure	156
securities firm	208
securities market	208
security	156
security guard	143
security officer	143
seek	193, 200
seek advice	36
segment	35

seize	63
select	222
selection	109
sensitive	139
separate	203
separated	203
separately	203
sequential	187
serial number	143
serve	200
service	200
set aside	102, 156
set up	37, 38, 113, 219
setting	211
severe	188
sewer	94
shade	22
shading	22
shadow	22
shake hands	18
shake up	210
shareholder	212
shelf	11
shelve	11
ship	45, 79, 217
shipment	79
shipping cost	52
short	206
short-handed	65
short-staffed	65
shortage	206, 246
shortcomings	195
shortfall	246
shortly	146
shovel	24
show	14, 58
shrub	31
side by side	16
sidewalk	20
sightseeing	104
sightseer	104

277

sign	51, 96	specialized	50
sign up for...	44	specialty	50
signature	51	specific	57, 98, 152, 177
significant	172, 180	**specifically**	177
significantly	172, 180, 234	**specification**	98, 235
sink	17	**specify**	98, 235, 248
site	85, 243	spectacle	20
situate	20	spectate	29
situation	20	**spectator**	29
skeptic	245	speculate	191, 241
skeptical	245	**speculation**	191
skill	194	spell out	235
skilled	110, 168	spending	182
skillful	130, 168	sponsor	37, 225
skyscraper	21	spontaneous	162
slant	32	spread	205, 241
slope	32	stability	230
sluggish	249	**stable**	230
sluggishness	249	**stack**	26
snack	122	staff	81
so that...	136	stage	234
soak	17	stagnant	249
soap	98	**stairs**	26
sole	181, 185	stairway	26
solely	185	stakeholder	212
solicit	195	stand up	230
solicitation	195	**stapler**	90
solid	193	stare	28
solidify	193	start	194
solution	88	**state**	111
solve	65, 88	statement	47, 215
somewhat	67, 151	**stationery**	51
soon	146	statistical	91
sophisticated	232	statistically	91
sophistication	232	**statistics**	91
sort	24, 222	statue	21
sort out	229	**status**	51, 111
souvenir	118	stay	86
span	179	stay away from...	109
speak for...	81	**steadily**	163
specialize	50	steady	163, 230

step	173
step by step	165
stepladder	22
steps	11
still	190
stimulate	244
stimulating	178, 244
stimulation	244
stipulate	248
stipulation	244, 248
stock	61, 107
stock exchange	208
stockholder	212
stockpile	97
stop by	57
store	102
storehouse	72
storeroom	72
story	23, 29
straight	137
strategic	84
strategically	84
strategy	84, 238
stream	27
strength	215
strengthen	215
stress	108, 122
strict	106, 195
strictness	106
stringed instrument	23
stringency	195
stringent	106, 195
stroll	30
study	16
subject	113
subjective	113
submission	149
submit	149
subordinate	95
subscribe	154, 229
subscriber	154, 229

subscription	154, 229
subsequent	186
subsequently	186, 245
subsidiary	239
subsidize	240
subsidy	240
substantial	183
substantially	183
substitute	99, 176
substitution	99
subtract	175
suburb	46
succeed	168
successive	187
suffer	121
sufficiency	175
sufficient	175
sufficiently	175
suggest	219, 243
suit	160
suitable	160
sum up	66
sum-up	137
summarize	66, 137
summary	66, 137
supervise	65
supervision	65, 159
supervisor	65
supervisory	183
supplement	184
supplementary	146, 184
supplier	41, 42
supply	41, 42
support	70, 240
suppose	54
supposedly	54
supreme	186
Sure.	60
surely	40
surgeon	96
surpass	126, 241

279

surplus	231, 235	task	110, 207
surprise	138	technician	61
surprising	138	telescope	21
surprisingly	138	temp staff	55
surround	23	temperature	117
surrounding	23, 155	temporarily	165
surroundings	211	temporary worker	55
survey	154, 214	temporary	165
suspend	89	tenant	46
suspension	89	tend	232
suspicious	245	tendency	232
sustain	132	tentative	165, 176
sustainability	132	tentatively	176
sustainable	132	terminal	126, 153
sweep	19, 29	terminate	153
swift	153	termination	153
swiftly	161	terms	152
swing	240	textile	206
symptom	96	thanks to…	177, 207
		theme	113
T		thereby	151
tactics	238	therefore	159
tailor	55, 219	thermometer	117
take	229	thorough	166
take a look at…	93	thoroughly	140, 166
take a message	108	thrilled	106
take advantage of…	117	throughout	154
take care of…	119	throw away	175
take effect	148	thus	159
take measures	148, 153	tighten	139
take one's place	76	time and again	82
take over	168	time limit	40
take part in…	76	timetable	92, 233
take place	110	tip	235
take steps	148, 153	to a maximum of…	126
take up	161	together with…	114
takeoff	102	toll	40, 77
takeover	234, 239	tool	162
talent	114	total	38
talented	114	touch	220
target	224	touch on / upon…	109

280

tow	31
trade	39, 116, 239
traffic congestion	58
traffic jam	58
train	54
train fare	40
trained	110
trainee	160
transact	239
transaction	239
transfer	63
transform	167
transformation	167
transit	117, 167
transition	117, 167
transitional	117, 167
transport	43, 105
transportation	43, 105
trash bin	25
travel plan	233
treasured	157
trial	89
trouble	128
truly	44
trustworthy	84
try	210
tug	31
tuition	228
turn around	226
turn down	209, 225
turn in...	66, 149
turn off	60
turn on	60
turn out	220
turn toward	18

U

unacceptably	185
unanimous	247
unanimously	247
unaware	43
unbearable	185
unbearably	185
uncover	171, 237
under control	167
undergo	240
underline	108, 112
understaffed	65
undertake	249
undertaking	185, 249
underway	121
unforgettable	158
unfortunate	45
unfortunately	45
unique	149
uniqueness	149
unit	53
united	159
unless otherwise...	244
unload	22
unoccupied	74
unpack	22
unparalleled	149
unpaved	26
unplug	44
unquestionably	87
unsettled	221
unstable	230
unveil	237
unwilling to...	238
up to ...	126
upcoming	131, 248
update	38
upgrade	39
upstairs	39
urban	109, 233
urban area	38
urge	221
urgency	59
urgent	59
urgently	59
used to ...	78

utensil	32
utility	242
utilize	242
utmost	186

V

vacancy	64, 74, 237
vacant	74, 237
vacate	74, 237
vacuum	19
valid	158, 181
validate	133, 215
validation	250
validity	181
valuable	156
value	156, 230
valued	157
variable	179
variety	159
various	159
vary	159, 179
vehicle	12
veil	237
vend	243
vending machine	129
vendor	243
venture	185
venue	243
verifiable	133
verification	133, 250
verify	133, 250
viability	197
viable	197
view	20
view A as B	150
viewpoint	244
vigorous	110
vital	232
vocation	95, 102, 204
voluntary	162
vote	128

voucher	212
vulnerable	246

W

wage	186
waive	250
waiver	250
walkway	20
wander	30
want ad	224
warehouse	72
warmly	131
warn	120, 214
warning	120, 214
warrant	130
warranty	130
water pipe	94
wave	31
wavy	31
weaken	197
weakness	179
wealthy	239
wear off	249
welfare	218
well-being	218
well-informed	43, 122
well-known	189
wharf	30
what about …	69
whatever	77
wheelbarrow	31
whereas	196
whereby	196
wherever	77
whichever	77
whoever	77
wholesale	229
wholesaler	229
why don't you …	69
why not	60
wide	138

widely	138
widen	162
wind instrument	23
with regard to…	153
withdraw	181
withdrawal	181
without agreement of…	183
without consent	183
without dissent	247
without notice	147
without permission	183
without prior notice	147
without warning	147
withstand	230
wonder	53
work on…	68
work out	228
workable	193
workforce	74, 81
workload	74
workplace	49
workshop	48
worksite	49
workstation	19
worry	59
worsen	197, 249
worth	85
worthless	85
worthy	85
worthy of…	93
would	78
writer	115
writing	227

Y

yield	88

著者プロフィール

中村澄子（なかむら・すみこ）

同志社大学卒業。エール大学でMBA（経営学修士）を取得。購読者3万人超の人気メールマガジン「時間のないあなたに！即効TOEIC 250点UP」発行の傍ら、東京・八重洲でTOEIC教室を運営、講師を務める。主な著書に『1日1分レッスン！ 新TOEIC TEST千本ノック！』1〜7（祥伝社黄金文庫）、『新TOEIC TEST即効英単語1000』（日経新聞出版）、『TOEIC TEST リーディングの鉄則』『TOEIC TEST リスニングの鉄則』『TOEICテストパート5、6出るのはこれ！』『TOEICテストパート7出るのはこれ！』（以上、講談社）など、多数ある。
ホームページ：www.sumire-juku.co.jp

英文作成：Mark Tofflemire

講談社パワー・イングリッシュ
TOEIC®テスト英単語 出るのはこれ！

2015年1月22日　第1刷発行
2021年10月7日　第8刷発行

著　者	中村澄子（なかむらすみこ）	
発行者	鈴木章一	KODANSHA
発行所	株式会社講談社	
	〒112-8001　東京都文京区音羽2-12-21	
	販売　東京 03-5395-3606	
	業務　東京 03-5395-3615	
編　集	株式会社講談社エディトリアル	
	代表　堺 公江	
	〒112-0013　東京都文京区音羽1-17-18 護国寺SIAビル	
	編集部　東京 03-5319-2171	
装丁・本文DTP	朝日メディアインターナショナル株式会社	
印刷所	大日本印刷株式会社	
製本所	株式会社国宝社	

定価はカバーに表示してあります。
落丁本・乱丁本は購入書店名を明記のうえ、講談社業務あてにお送りください。送料小社負担にてお取り替えいたします。なお、この本の内容についてのお問い合わせは、講談社エディトリアル宛にお願いいたします。本書のコピー、スキャン、デジタル化等の無断複製は著作権法上での例外を除き禁じられています。本書を代行業者等の第三者に依頼してスキャンやデジタル化することはたとえ個人や家庭内の利用でも著作権法違反です。

©Sumiko Nakamura 2015
Printed in Japan
ISBN978-4-06-295255-2

ヒロ前田の最新刊！

おさえるポイントがはっきり見える

TOEIC® テスト パート1、2 出るのはこれ！

ヒロ前田 著

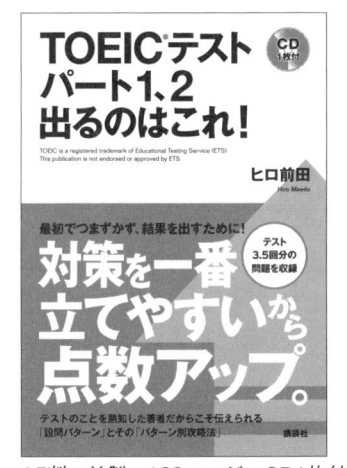

A5判　並製　160ページ　CD1枚付
価　格　1750円（税別）
ISBN　978-4-06-295253-8

出題パターンと聞くべきポイントをおさえれば、スコアアップは確実にできる。攻略法を身につけて、リスニングに強くなるための一冊！

パート1：1人の写真／複数の人の写真／屋内の写真／屋外の写真
パート2：WH疑問文／ Yes/No疑問文／機能文問題 など

ヒロ前田の最新刊!

おさえるポイントがはっきり見える
TOEIC® テスト パート3、4 出るのはこれ!

ヒロ前田 著

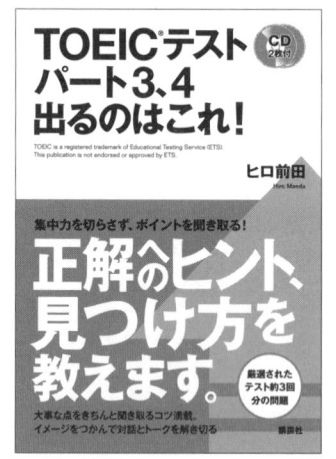

A5判　並製　224ページ　CD2枚付
価　格　1900円（税別）
ISBN 978-4-06-295254-5

パート3はヒントのありかを、パート4はトークのタイプを理解すること。それだけで解きやすさが格段に増します！　スコアアップのための工夫を髄所にこらした一冊。

パート3：概要に関する設問／詳細に関する設問
パート4：トークのタイプを9つに分類

中村澄子の好評既刊

カリスマ講師にしか書けない「出題のツボ」
TOEIC® テスト パート5、6 出るのはこれ！

中村澄子 著

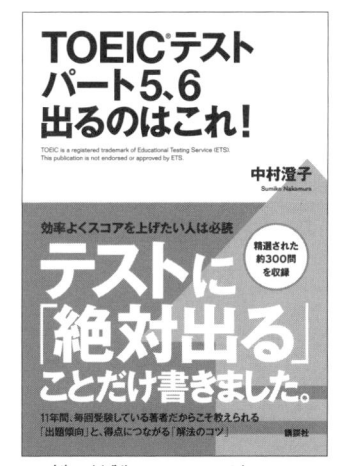

A5判　並製　224ページ
価格　1700円（税別）
ISBN 978-4-06-295250-7

著者自らが「書きすぎた」と言うほど充実した内容の1冊。徹底的に無駄を省き、テストに出る文法・語彙だけに絞ったので、効率よく勉強できます。パート5、6の全体像と解き方がよくわかります！

〈本書で取り上げた文法項目〉
・名詞　・形容詞　・副詞　・動詞　・代名詞　・前置詞　・接続詞
・「前置詞＋名詞」、「接続詞＋節」を問う問題　・分詞　・関係代名詞
・完了形　など

中村澄子の好評既刊

カリスマ講師にしか書けない「出題のツボ」

TOEIC® テスト パート7 出るのはこれ！

中村澄子 著

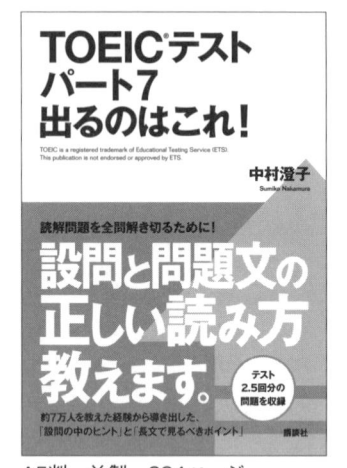

A5判　並製　224ページ
価格　1700円（税別）
ISBN 978-4-06-295251-4

年々難しくなるパート7。長文を前にして腰が引けることのないよう、「読み方」を伝授します。時間切れになることなく、最後までテストを解き切るための英文の読み取り方が体得できます！